商务沟通实务

主　编　王福胜　张瑞雪

副主编　罗鋆峰　胡经纬　朱唯娜　于　媛

编　委　李泽元　郭晓娟　王丹妮　王春阳
　　　　张生保

东北大学出版社

·沈阳·

图书在版编目（CIP）数据

商务沟通实务 / 王福胜, 张瑞雪主编. -- 沈阳：
东北大学出版社, 2024.6. -- ISBN 978-7-5517-3543-8

Ⅰ. F715

中国国家版本馆 CIP 数据核字第 2024EK2773 号

出　版　者：东北大学出版社
　　　　　　地址：沈阳市和平区文化路三号巷11号
　　　　　　邮编：110819
　　　　　　电话：024-83683655（总编室）
　　　　　　　　　024-83687331（营销部）
　　　　　　网址：http://press.neu.edu.cn
印　刷　者：辽宁一诺广告印务有限公司
发　行　者：东北大学出版社
幅面尺寸：170 mm × 240 mm
印　　　张：12.25
字　　　数：233 千字
出版时间：2024 年 6 月第 1 版
印刷时间：2024 年 6 月第 1 次印刷
策划编辑：牛连功
责任编辑：周　朦　王　佳
责任校对：王　旭
封面设计：潘正一
责任出版：初　茗

ISBN 978-7-5517-3543-8　　　　　　　定　价：32.00 元

前　言

本教材主要是为了满足中等职业学校商务助理专业人才培养的需要，并按照国家"十四五"发展规划和职业教育改革的具体要求，依据教育部《中等职业学校商务助理专业教学标准（试行）》，同时参照相关行业标准，围绕企业运营与管理过程中商务助理岗位的沟通技能要求和综合素养要求进行编写的。

在当今全球化的商业环境中，商务沟通扮演着越来越重要的角色，有效的沟通不仅是职场成功的关键，而且是企业之间跨越文化、地域和语言障碍进行合作的基础。因此，各类企业对于熟练掌握商务沟通技巧的人才需求不断增长。在现代企业中，负责沟通与协调的文秘类人才扮演着日益重要的角色，他们需要具备高效的沟通技巧、卓越的组织协调能力及扎实的商务知识，以支持企业各项商务活动的顺利进行。

本教材作为商务助理专业核心课程的配套教材，旨在培养学生的商务沟通能力和技巧，使其能够在日益复杂的商业环境中胜任各种商务沟通类岗位。通过学习本教材，学生将掌握商务沟通技巧，提升自身的沟通水平，为未来的职业发展奠定坚实基础。

为了适应地区经济发展与区域企业发展的需要，我们组织了多年在中等职业学校商务助理专业工作和教学第一线、具有扎实专业基础理论知识及丰富实践经验的专业教师共同编写了本教材。

本教材共分为五个项目，分别为接待事务沟通、会议沟通、客户沟通、谈判沟通和媒体沟通。本教材对接企业商务助理岗位的典型工作任务，以典型工作情景为项目导入，以能力训练为主线，以解决实际问题为纽带，采取项目教学、任务驱动、案例教学、情景仿真教学、模拟演练等教学方法，构建理实一体、做中学、学中做的职业教育教学模式，使学生得到规范化训练。并且，本教材采取多元性评价，注重学生综合能力和职业道德的熏陶养成。在注重技能训练的同时，注重职业素养、企业精神的养成，把职业素养的考核纳入技能训练活动评价标准。

本教材由王福胜、张瑞雪担任主编，罗崟峰、胡经纬、朱唯娜、于嫒担任副主编，李泽元、郭晓娟、王丹妮、王春阳、张生保担任编委。其中，张瑞雪负责确定本教材的体例和组织编写工作，以及编写项目五；李泽元、郭晓娟编写项目一；罗崟峰、于嫒编写项目二；朱唯娜、王丹妮编写项目三；王春阳、张生保编写项目四；王福胜、胡经纬负责本教材的统稿、校对与修改工作。

由于编者水平有限，加之编写时间仓促，本教材中难免存在错误或疏漏之处，恳请读者批评指正。

编　者

2024年2月

目　录

项目一　接待事务沟通

【项目导入】

　　×××传媒有限责任公司的领导及员工要到×××广告有限责任公司洽谈商务合作事宜。×××传媒有限责任公司位于河南省郑州市，×××广告有限责任公司位于吉林省长春市，两家公司有过多次商务合作活动。为做好接待事宜，×××广告有限责任公司办公室主管陈主任在接到×××传媒有限责任公司活动负责人的来访通知后，责成新入职的员工小林负责做好相关准备工作及接待工作。为了充分展示本公司的良好企业形象，同时开展好客户接待系列工作，以促进两家企业的深度合作，新入职的员工小林要如何顺利完成领导交给的工作呢？

【整体介绍】

　　商务接待不仅是简单的迎来送往。一次成功的商务接待可以给客户带来被尊重和被重视的感觉，不仅可以提高客户对企业的满意度，而且可以为企业带来更多的商业机遇与发展。接待工作能给客户留下良好的第一印象。商务接待是指企事业单位以主人的身份招待客人，以达到某种商业目的的社会交往方式。为了确保接待工作的有序进行，企事业单位的办公室文员要精心细致地做好各项准备工作，包括做好接待计划的设计、接待礼仪的准备、接待流程的安排。如果没有科学可行的接待工作，那么商务洽谈工作就很难正常开展，甚至会影响公司之间的后期合作。

【教学目标】

　　（1）学习并掌握企事业单位接待计划的编辑、撰写技巧，以及相关准备工作的安排落实方法。

　　（2）学习并掌握企事业单位接待工作中的礼仪规范的要求和接待行为规范。

　　（3）学习并掌握企事业单位商务接待的具体流程安排。

　　（4）学习并掌握企事业单位送客的具体流程安排。

任务一 接待计划设计

【情景导入】

小林为了按照领导的要求做好接待准备工作，立即实地踏查了公司周边几家不同星级的酒店，最后联系了距离公司10分钟车程的一家新装修的三星级酒店，并预订了客人的住宿和会议室。做好住宿及会议准备工作后，小林主动联系了×××传媒有限责任公司活动负责人，确认到访日期及航班班次，并预订了欢迎花束及彩色条幅。小林觉得自己的工作已经完成得非常完美了，便去找办公室主管陈主任进行工作汇报。你认为陈主任会给小林怎样的反馈及评价？

【任务思考】

（1）分析小林在接待工作中存在的问题。

（2）对出现的相关问题，给出有效的解决方法及应对技巧。

本任务中存在的问题、解决方法及应对技巧见表1-1。

表1-1 接待计划设计任务中存在的问题、解决方法及应对技巧

工作问题	解决方法	应对技巧
作为职场新人，小林直接安排了食宿及接机，便认为工作就完成得非常完美了	应该提前请示领导，参照以往的接待经验及接待预算进行住宿级别的具体安排	提前向领导或办公室资深员工请教以往的接待案例及注意事项
小林仅仅与对方确认了到访日期及航班班次，就预订了欢迎花束及彩色条幅，这样做工作是不全面的，接待前期的准备工作没体现出细节化、规范化	应该制订合理、具体的接待计划，经过领导审核并通过后，再按照计划开展接待工作	可以参照以往的接待计划进行修改、调整

【知识目标】

（1）明确接待工作的典型性、重要性和规范性，了解商务接待的职责。

（2）熟悉接待计划中包含的内容。

（3）掌握接待计划的制订技巧。

【能力目标】

（1）通过系统学习，学会做好接待的统筹规划。

（2）学会编写接待计划，提升与策划相关的能力。

【素质目标】

（1）培养学生编写接待计划的能力，明确接待计划在整个接待工作中的重要意义。

（2）优化学生的服务意识。

【技能训练】

接待计划设计的内容及细节见表1-2。

表1-2 接待计划设计的内容及细节

一、训练准备	
情景模拟	将学生分组，模拟本任务的情景导入，制订接待工作计划
二、训练过程	
训练步骤	详细描述
分析接待意图	商务接待一般建立在商业谈判或者商业合作的基础上，每次商务接待都可能促进双方进一步交流及合作。因此，接待人员要了解来访客户的意图，以及所属公司的想法。 本环节，教师将班级学生分成若干小组，分组进行讨论，分析接待工作中的具体细节及注意事项 **学生分组讨论接待流程**

表1-2（续）

训练步骤	详细描述
确定接待级别	接待人员应根据来访客户的身份和来意，以及本公司的接待意图，通过与主管领导的沟通，确定接待的规格。 **与领导沟通并确认接待规格** 本环节，学生通过小组讨论，确定不同访客的接待级别
分析方案细节	（1）了解来访客户基本情况（如来访客户职务，来访的具体时间、人数、目的和要求，本地逗留时间，等等）。 （2）落实会晤的时间及场所，按照计划通知参加会晤的领导及陪同人员。 **落实会晤场所** （3）列出接待时需要准备的物品清单，如合同文书、接待条幅、媒体设备、茶水、车辆安排等。 **检查接待设备**

表1-2（续）

训练步骤	详细描述
分析方案细节	 **布置接待场所** 本环节，学生经过分组讨论，总结出在接待时应注意的相关细节问题，形成计划草案
制订接待计划	为了确保接待工作的有效开展，并展示出接待人员的素质和能力，以便后续工作的高效推进，本环节将班级学生按照责任分工进行小组划分，每组制订出一套合理并完整的接待计划，形成文字定稿，进行情景演练。由教师扮演公司主管，每组选拔出学生代表扮演负责接待的小林，对本组接待计划进行阐述，向公司主管汇报工作，并讲解本组计划的设计思路及针对接待时可能出现的问题的解决办法。最后教师及学生集体讨论和评比，选出最优接待计划 **请领导审批接待方案**
	三、训练方法
	（1）教师将班级学生平均分成若干小组，并进行分组讨论。 （2）学生进行角色扮演，并模拟训练。 （3）学生观察教师的示范，认真体会动作及语言表达的相关要领，然后进行相关训练

表1-2（续）

四、训练心得（成功、不足、改进措施）
五、训练评价

【知识平台】

近年来，随着中国经济的不断快速发展，各种形式的交流与合作日渐频繁，接待工作已经成为许多企事业单位必不可少的环节。优质的接待工作不仅可以提高企业在行业内的知名度，而且可以为企业的业务拓展打下良好的基础。一次成功的接待需要制订一份完备的接待计划。因此，制订一份适合本企业的接待计划，对于大多数企事业单位有着非常重要的意义。接待计划项目、内容及示例见表1-3。

表1-3 接待计划相关内容及示例

接待计划项目	接待计划内容	接待计划示例
明确接待时间	（1）来访客户的具体到达时间。 （2）到达酒店的时间。 （3）到达会议场所及参观考察的时间。 （4）送别信息	（1）接站、接机时间：2023年6月13日12时30分。 （2）预计到达酒店时间：2023年6月13日13时40分。 （3）预计到达公司时间：2023年6月14日8时30分。 （4）送机、送站时间：2023年6月16日15时15分

表1-3（续）

接待计划项目	接待计划内容	接待计划示例
掌握来访客户信息	（1）通过邮件或电话与对方公司进行沟通，了解来访客户的人数。 （2）了解来访客户的男女比例。 （3）了解来访客户的民族特点。 （4）了解来访客户的饮食禁忌。 （5）了解来访客户关于住宿房型的相关要求。 （6）询问来访客户关于会议设备及场所的相关需求。 （7）询问来访客户有无私人活动（如考察、访友、购物等）需要帮助	（1）×××传媒有限责任公司此次到访客户的人数为5人。 （2）×××传媒有限责任公司此次到访客户有男士3人、女士2人。 （3）×××传媒有限责任公司此次到访客户有1人为回族。 （4）×××传媒有限责任公司此次到访客户中，回族客户需单独安排民族餐饮。 （5）来访客户中，×××传媒有限责任公司董事长（男）需要单独安排商务套房1套；其他4名部门领导需要安排商务标间2套。 （6）须准备1台笔记本电脑、1间带投影仪的会议室、1支翻页笔。 （7）×××传媒有限责任公司准备调查本市市场需求，需要安排商务车1辆
确定接待规格	根据来访客户身份级别和来访意图，确认接待档次、规格	按照本公司接待制度要求，将×××传媒有限责任公司5位来访客户安排在四星级酒店
确认接待地点	（1）接送机场地点或接送车站地点。 （2）下榻酒店位置。 （3）会议及谈判地点。 （4）参观及考察地点	（1）长春龙嘉国际机场。 （2）川楚大酒店（附地图）。 （3）×××广告有限责任公司本部38楼五号会议室。 （4）×××广告有限责任公司技术部
确定接待负责人及相关人员名单	（1）成立接待小组，确定接待总负责人及组员。 （2）根据接待客户的重要程度及来访客户的级别，安排接待陪同人员	（1）接待总负责人：技术部陈经理；组员：办公室王小慧、刘怡、小林。 （2）陪同人员：×××广告有限责任公司副董事长王亚红，技术部陈经理，办公室王小慧、刘怡、小林

表1-3（续）

接待计划项目	接待计划内容	接待计划示例
列举接待物品清单	（1）准备接站牌。 （2）准备接待人员服装。 （3）准备接待条幅。 （4）准备媒体设备。 （5）准备会议茶水及茶点。 （6）安排车辆。 （7）准备接待礼品。 （8）准备文书、合同、办公用品	接站牌、接待人员服装、接待条幅、媒体设备、会议茶水及茶点、车辆、接待礼品，以及文书、合同、办公用品由办公室小林负责采购及准备
接待经费预算申报	来访客户在来访过程中产生的所有费用	共5000元
接待计划结束部分	接待计划需经上级领导审批通过后，方可按照相关流程开展后续工作	以上安排妥否，请批示

【技巧小贴士】

技巧一：以接待来访客户的不同身份为标准划分接待工作

（1）公务接待：为了进行上级与下级之间、同等级别平行机关之间的公务活动而从事的接待工作。

（2）商务接待：因一定商务目的（如洽谈、签约等）而进行的商务接待活动。

（3）外宾接待：在外国事务活动中的各项接待工作。

技巧二：以接待场所为标准划分接待工作

（1）室内接待：机关团体或企事业单位的工作人员在自己的办公室、接待室、会议室对各种来访者进行的接待工作。

（2）室外接待：对来访者到达机场、车站时的迎接工作或逗留期间的陪访、参观、学习，以及送行时的接待工作。

【任务评价】

接待计划设计任务评价标准见表1-4。

表1-4 接待计划设计任务评价标准

评价任务		评价要点	分值	自评	互评	师评
学习态度评价	出勤	无迟到早退，无缺席	5			
	任务参与度	全程参与任务，态度积极、认真	10			
知识与技能评价	接待计划制订的全面性	（1）接待计划制订得较为全面。（2）接待计划制订过程中考虑了全部细节。（3）接待计划涉及的各个部门知晓本部门职责，且分工明确	20			
	接待计划制订的可执行性	（1）计划中的内容能够真正落实。（2）计划中的各项条例能够按照计划进行	20			
	接待计划制订的合理性	（1）计划制订的内容合乎公司实际情况。（2）在学生实操过程中，力求真实展示计划的实施过程	20			
	计划应对策略	针对突发状况有应急方案	10			
素质评价	团队协作精神	在执行任务过程中，与团队配合默契，积极承担责任，具有协作精神	5			
	服务意识	具有积极、热情、真诚的服务意识	5			
	精益求精	具有一丝不苟、精益求精的工匠精神	5			

任务二　接待礼仪准备

【情景导入】

×××传媒有限责任公司的领导及员工要到×××广告有限责任公司洽谈商务合作事宜。×××广告有限责任公司的员工小林作为主要的接待工作负责人，并准备前往长春龙嘉国际机场迎接×××传媒有限责任公司的来访客户。在出发前，小林考虑到机场面积比较大，可能要走比较远的路，特意更换了服装，穿了T恤衫、牛仔裤、运动鞋，并且为了使来访客户在机场容易找到自己，还特意佩戴了一顶红色鸭舌帽，拿着打印了来访客户所在公司名称的A4纸，但忘记画淡妆（脸色略显苍白），就急急忙忙地出发去机场了。当小林在机场接到来访客户时，来访客户开玩笑地说："我们不需要一位疲惫的导游进行服务，请直接带我们去公司参观、访谈。"小林的脸瞬间变红了，尴尬不已。你认为小林应做出哪些改变，才能给来访客户留下良好的第一印象？

【任务思考】

（1）分析小林在接待工作中，在仪表、着装等方面出现的相关问题。

（2）对出现的相关问题，给出有效的解决方法及应对技巧。

本任务中存在的问题、解决方法及应对技巧见表1-5。

表1-5　接待礼仪准备任务中存在的问题、解决方法及应对技巧

工作问题	解决方法	应对技巧
作为接待人员，小林直接穿着T恤衫、牛仔裤、运动鞋进行接机	应该提前准备好合身的职业套装，穿着鞋跟高3~5厘米的黑色皮鞋	在工作衣橱里应常备几套合体的职业装及几双鞋跟高度适宜的皮鞋，以备工作之需
小林作为接待人员，忘记了画淡妆，带着略显苍白的脸色来到机场接待客户，引起了来访客户的不满	应该提前给自己画一个适合工作场景的大方、得体的淡妆	可以在办公室常备一套化妆品及化妆用具，以备工作之需

【知识目标】

（1）明确接待工作仪表、着装的重要性，了解接待礼仪准备的具体内容。
（2）掌握接待计划中商务着装搭配的具体内容。
（3）掌握接待礼仪准备中画淡妆的技巧。

【能力目标】

（1）通过系统学习，学会简单的商务着装搭配技巧。
（2）学会给自己画淡妆，提升个人的审美能力。

【素质目标】

（1）培养学生的服饰搭配能力，体会着装礼仪给客户留下良好第一印象的重要意义。
（2）强化学生的个人形象意识。

【技能训练】

接待礼仪准备的内容及细节见表1-6。

表1-6 接待礼仪准备的内容及细节

一、训练准备	
情景模拟	将学生分组，结合本任务的情景导入，模拟训练接待工作时的发型整理、饰品搭配、妆容整理，以及整体着装搭配
二、训练过程	
训练步骤	详细描述
发型整理	整洁的发型对于商务接待人员塑造个人良好形象有着不可替代的作用。在正常工作场景下，人们的关注点往往是从"头"开始。因此，接待人员要时刻保持个人的整洁卫生，而发型的选择关乎个人形象是否良好。 本环节，教师将班级学生分成若干个小组，分组进行讨论，分析商务接待过程中发型礼仪的具体细节及注意事项  接待人员整理发型

表1-6（续）

训练步骤	详细描述
饰品搭配	在商务接待场合，除了准备职业装，接待人员还离不开许多重要的饰品，而饰品的选择、搭配与使用等细节往往更能充分、客观地体现出接待人员的职业素养。 　　本环节，学生通过小组讨论，确定在接待客户过程中可以佩戴哪些饰品及不可以佩戴哪些饰品。 　　右图为错误的职场饰品佩戴方式。通过本环节的错误示范，让学生初步分析商务职场饰品搭配的注意事项 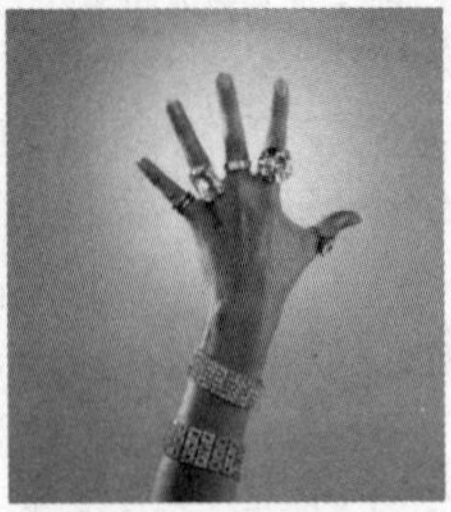 **错误的手部饰品搭配**
妆容整理	（1）了解商务接待过程中，接待人员保持得体妆容对于接待工作的重要性，同时应做好提前准备。 　　（2）学生在教师的指导下，给自己设计一套用于商务接待的端庄得体的妆容。注意：在不同的场合应设计不同的妆容，以适应工作需要。  （a） （b） **接待人员整理妆容** 　　（3）列出所需化妆品，如爽肤水、保湿乳液、隔离霜、粉底液、防晒乳、眉笔、眼线笔、眼影、腮红、口红等。 　　本环节，学生经过分组实际操作、练习，总结出商务接待前在化妆过程中应注意的相关细节及问题

表1-6（续）

训练步骤	详细描述
整体着装搭配	 **接待人员对镜整理着装** 　　为了确保接待工作的顺利开展，展示出接待人员的良好个人形象，并给客户留下良好的第一印象，本环节，学生按照接待人员的角色进行接待前的模拟情景训练。学生在课前进行服装的准备，分别准备休闲装、运动装、职业装等不同类型的服装，并在课堂上逐一进行展示，然后由本人对所穿服装的适合场合进行讲解，全班同学对其进行点评、打分 **接待人员互相整理着装**

三、训练方法
（1）教师将班级学生平均分成若干个小组，并进行分组讨论。 （2）学生进行角色扮演，并模拟训练。 （3）学生观察教师的示范，认真体会动作及完成相关操作要领，进行发型、妆容、饰品佩戴、着装等方面的相关训练

四、训练心得（成功、不足、改进措施）

五、训练评价

【知识平台】

在商务接待工作过程中，需进行必要的前期准备工作，做到有备而行，并且有备无患。接待组织（企事业单位）的形象是通过接待人员的个人形象展现的，即接待人员所在单位的形象及企业规范化程度取决于接待人员的个人形象。接待人员的个人形象包括发型整理、饰品搭配、妆容整理、整体着装。接待人员塑造良好的个人形象既是完成接待任务的需要，也是自尊自爱的表现。接待礼仪准备及内容见表1-7。

表1-7　接待礼仪准备及内容

接待礼仪准备	形象礼仪准备内容
发型整理	（1）每日保持头发的干净、整洁，确保没有头皮屑。 （2）头发的发色要自然，不要染成非常刺眼或过于明显的颜色。 （3）接待工作中不要梳造型独特的头发，不要留长鬓角，更不要遮挡住面颊。 （4）接待人员在工作过程中不要在发丝上涂抹过多的发胶、定型剂等，应保持头发的清洁，使头发看起来不要非常黏腻。 （5）女士发型：长头发要盘起来，根据接待场合、级别的不同确定发髻高度，耳朵两侧及后脑勺的细发和碎发用没有任何装饰物的黑色发卡进行固定；短发要梳理整齐，长度不能超过肩部。 **女接待员发型展示** （6）男士发型：额头的头发丝不要触碰到眉毛，两侧的鬓角保持在耳朵中间的位置，后脑勺的头发长度不要触碰到衣服领子；接待人员最好不要剃光头、留长胡须 **男接待员发型展示**

表1-7（续）

接待礼仪准备	形象礼仪准备内容
饰品搭配	（1）耳饰：耳钉更适合在接待场合进行佩戴；耳坠的款式不要太复杂，长度要适中，不能过于夸张；耳环不适合在接待场合佩戴。 （2）项链：接待人员所佩戴的项链，款式要尽量简单，不应带有奇形怪状或有歧义的图形，不应带有个人信仰的链坠；接待人员不能佩戴多个链坠；男士的项链不能露在衬衫的外面，特别是工作中不能佩戴过粗的金项链。 （3）戒指：接待人员在工作中不能佩戴夸张的戒指，一只手上不可以佩戴两个戒指，不宜佩戴另类的装饰性戒指。 （4）手表：接待人员在工作中佩戴的手表要端庄、大方，一般情况下，圆形、正方形、长方形、椭圆形、菱形的手表可以佩戴；造型怪异、过于新潮的手表（如怀表、卡通表等）都不能佩戴。 （5）腰带：男士要遵守腰带、皮包、皮鞋三者颜色、材质一致的原则；女士的腰带，除了不要有太多的装饰，还要和服装搭配协调。 （6）女式包：秋、冬季一般选用深色的皮包，春、夏季一般选用浅色的皮包
妆容整理	（1）修饰的原则。要使化妆达到美化自己的效果，首先必须了解接待人员的面庞特点，同时了解怎样化妆和修饰才能扬长避短，从而展现出企业的良好形象，使客户更满意。 （2）自然的原则。自然的妆容是接待人员要展现的宗旨，通过化妆使接待人员的脸看起来真实而生动，避免给客户留下一张呆板生硬的面孔；化妆如果失去了自然的效果，那么就不能很好地体现企业的良好形象；自然的妆容要依赖正确的化妆技巧、合适的化妆品。 （3）协调的原则。化妆所需色彩要协调、浓淡要协调，所化妆容要符合接待人员脸部的个性特点，整体设计要协调。协调原则中包含全身协调和场合协调。全身协调是指面部妆容与发型、服装、饰物相协调，力求取得完美的整体效果。场合协调是指妆容要与接待场合的气氛相一致。 （4）化妆步骤。 洁面：要注意面部的清洁，应该用温水和适合自己的洗面奶清洁皮肤。 擦爽肤水：爽肤水虽然功能简单，却是皮肤保养的关键，它可以调理肌肤的角质层，为后续的化妆打下坚实的基础。 涂护肤霜：用点涂的方式将护肤霜均匀地涂抹在脸上，并使用一些按摩手法，让护肤霜能够充分地被皮肤吸收。 上粉底液：取适量粉底液，轻拍涂抹于面部。

表1-7（续）

接待礼仪准备	形象礼仪准备内容
妆容整理	描眉：用眉笔顺着眉毛生长的方向一根一根地描绘，要描得淡一些。 涂眼影：根据妆容的需要涂眼影，一般涂大地色系眼影。 画眼线：贴着睫毛根部画一条细细的线条。 涂睫毛膏：首先使用睫毛夹将睫毛夹成上翘的弧形，然后涂上睫毛膏。 刷腮红：选择合适颜色的腮红，将它从颧骨向太阳穴的方向刷在脸颊上。 涂唇膏：先用与唇膏颜色相同或相近的唇笔描绘出唇形，再用唇刷将唇膏均匀地涂于唇上
整体着装	（1）男士接待人员整体着装要求。 ① 要选择质地柔软、透气，领口挺括，洁净、无褶皱的衬衫。衬衫袖子的长度以长出上装袖口1~2厘米为宜。衬衫的下摆要扎进西裤里，门襟纽扣和袖纽扣要全部扣好，接待时不可把西装和衬衫的袖子卷起来。 ② 西裤长度以裤腿管盖于鞋面之上为标准，裤腰尺寸以腰间能插进一手掌为宜，裤缝应熨烫挺直。穿着时裤脚不可卷起，皮带的颜色以深色（特别是黑色）为佳。 ③ 宜选择黑色皮鞋，它能和任何颜色的西装搭配；灰色皮鞋不宜配深色西装；浅色皮鞋只可配浅色西装，不能配深色西装。袜子颜色要和皮鞋、西装相协调。男性宜选用颜色素净的中长筒袜，袜腰要长及踝骨。 ④ 接待人员的领带最好是真丝或羊毛制品，以单色无图案为好，蓝色、灰色和红色较易配西装。领带应打好，下端大箭头应正好抵达皮带扣的上端。 ⑤ 西装应以平整、挺括为标准。纽扣有单排和双排之分。单排纽扣又有单粒纽扣、双粒纽扣、三粒纽扣之分，其中单、双粒扣的上面一粒，三粒扣的中间一粒是实际纽扣，其余是样扣。双排纽扣则有四粒纽扣、六粒纽扣之分，一般最下面的两粒是实际纽扣，其余是样扣。在非正式场合，纽扣一般可以不扣，以显示自然、潇洒、飘逸的风度。但是在正式场合，则须扣上实际纽扣；坐下时，应把扣子解开。 （2）女士接待人员套裙着装规范。 ① 套裙是职业女士在正式场合穿着服装中的首选，上身是女式西装，下身是半截式裙子。 ② 套裙的面料要轻薄、柔软，颜色不要过于鲜艳，各种颜色均可，但以单色为佳。

表1-7（续）

接待礼仪准备	形象礼仪准备内容
整体着装	③ 穿衬衫时，衬衫的下摆需掖入裙腰之内；衬衫的纽扣要一一系好，除最上端的一粒纽扣按惯例允许不系，其他纽扣均不得随意解开。衬衫上最好不要有图案。 ④ 需选择与套裙配套的皮鞋，选择高跟、半高跟的船式皮鞋或盖式皮鞋，不选择系带式皮鞋、皮靴、皮凉鞋；高筒袜、连裤袜是套裙的标准搭配，中筒袜、低筒袜不能和套裙同时穿着

【技巧小贴士】

技巧一：TPO原则

TPO原则是指一个人的衣着打扮要符合自己所处的时间（time）、地点（place）和场合（occasion）。该原则是有关服饰礼仪的基本原则之一。该原则要求人们在选择服装时，应当兼顾时间、地点、场合，并力求使自己的着装及具体款式与具体的时间、地点、场合相协调。

例如，在日常上班、商务洽谈、商务晚宴等不同的工作场景中，穿着的服装要有区别。日常上班的职业装可以偏休闲；商务洽谈时，需要穿着正式的职业装，以彰显专业；参加晚宴时，要用心选择适合自己的礼服。

技巧二："三三"原则

（1）遵循三色原则。穿西装正装时，全身上下的颜色不能多于三种。

（2）遵循三一定律。鞋子、腰带、公文包应是一种颜色，首选黑色。

（3）遵循三大禁忌。不能不拆吊牌，不能穿夹克时打领带，不能穿白色袜子和尼龙袜。

【任务评价】

接待礼仪准备任务评价标准见表1-8。

表1-8 接待礼仪准备任务评价标准

评价任务		评价要点	分值	自评	互评	师评
学习态度评价	出勤	无迟到早退，无缺席	5			
	任务参与度	全程参与任务；态度积极、认真	10			

表1-8（续）

评价任务		评价要点	分值	自评	互评	师评
知识与技能评价	发型整理	（1）接待人员的头发整洁。 （2）接待人员的头发长度适宜。 （3）接待人员的头发颜色合适。 （4）接待人员的头发造型符合接待场合	20			
	饰品搭配	（1）接待人员所佩戴的饰品数量合理。 （2）接待人员所佩戴的饰品款式符合身份需求。 （3）接待人员所佩戴的饰品颜色合适	10			
	妆容整理	（1）接待人员妆容的色彩搭配合理。 （2）接待人员的妆容符合要求。 （3）接待人员的妆容起到了美化的效果	20			
	整体着装	（1）接待人员的着装符合身份特点。 （2）接待人员的着装选择符合接待的场合特点。 （3）接待人员着装的色彩搭配符合服装的"三三"原则	20			
素质评价	团队协作精神	在执行任务过程中，与团队配合默契，积极承担责任，具有协作精神	5			
	服务意识	具有积极、热情、真诚的服务意识	5			
	精益求精	具有一丝不苟、精益求精的工匠精神	5			

任务三　接待流程安排

【情景导入】

　　×××广告有限责任公司的接待人员小林接到领导的指示后，准备前往长春龙嘉国际机场迎接×××传媒有限责任公司的来访客户。小林到达机场后，手里举着自己手写在 A4 纸上的不太醒目的接站牌，等待来访客户的到来。当来访客户费尽周折找到小林时，对方领队一脸不悦。小林不明所以，赶紧接过来访客户手中的行李，把×××传媒有限责任公司董事长让到车辆的副驾驶位置就座，但是董事长满脸不悦地坐到了司机右后方的位置。小林带领来访客户来到公司的会议室后，为了让客户感到方便，赶紧请客户坐在背靠门的位置上，然后准备开会，但是客户明显兴致不高。你认为对方公司董事长不开心的原因是什么？小林在接待工作中，应该做好哪些整改工作？

【任务思考】

　　（1）分析小林在接待工作中，在接机及接站、安排乘车座次及会议座次、茶歇服务、送客流程等方面出现的相关问题。
　　（2）对出现的相关问题，给出有效的解决方法及应对技巧。
　　本任务中存在的问题、解决方法及应对技巧见表1-9。

表1-9　接待流程安排任务中存在的问题、解决方法及应对技巧

工作问题	解决方法	应对技巧
作为接待人员，小林在机场迎接客户时，使用自己手写在 A4 纸上的不太醒目的接站牌	应该提前准备好制作精良、醒目的接站牌	准备接站牌前，一定要认真、仔细核对来访公司的全称，避免出现错别字，防止出现接错客户的情况
小林作为接待人员，把对方公司董事长让到车辆的副驾驶位置就座，引起了对方公司董事长的不满	应将客户安排到正确的车辆位置就座，并按照级别高低安排客户就座	客户到访时，接待人员应提前掌握所有到访客户的身份、级别，并按照级别高低合理安排乘车座次

表1-9（续）

工作问题	解决方法	应对技巧
小林为了让客户感到方便，请客户坐在会议室背靠门的位置上	应将客户安排在面对会议室大门的位置上	在安排会议座次时，应按照主、客双方的位置进行座次安排，避免使客人产生未受到重视的感觉
小林将客户引导到会议室后，未及时给客户准备茶歇食品及饮品	应在会议开始前，准备好水果、茶叶、咖啡等茶歇食品	准备茶歇食品时，应考虑大众口味，避免有异味或容易导致过敏的水果、食品等

【知识目标】

（1）明确理解接待工作流程的具体安排。

（2）掌握客户接站接机、陪同乘车、茶歇准备、送客流程的细节要求。

（3）掌握会议礼仪中座次的安排原则。

【能力目标】

（1）通过系统学习，能够学会张弛有度地接待客户。

（2）能够按照参会人员不同的身份和级别，合理安排会议座次。

【素质目标】

（1）培养学生的服务细节意识，使学生体会良好的会议接待流程给客户带来的良好直观感受。

（2）强化学生的接待服务意识，提升学生待人接物的水平。

【技能训练】

接待流程安排的内容及细节见表1-10。

表1-10　接待流程安排的内容及细节

一、训练准备	
情景模拟	将学生分组，结合本任务的情景导入，模拟训练接待工作时的接站接机、乘车陪车、会议座次、茶歇准备、送客流程

表1-10（续）

二、训练过程	
训练步骤	详细描述
接站接机	作为接待人员，在工作中，如果有客户乘坐飞机或动车到访本公司的情况，那么要让来访客户有被尊重和被欢迎的感觉，同时接待人员要用热情积极的工作方式彰显本公司的企业形象。 本环节，教师将班级学生分成若干个小组，各小组中的学生分别扮演接站、接机人员及来访客户，然后分析商务接待过程中接站、接机工作的具体细节及注意事项
乘车陪车	在商务接待场合中，除了接站、接机的准备工作，接待人员还应掌握乘车、陪车中座次安排的原则。如果将重要客户安排到不恰当的位置上，往往会让客户感觉不被尊重，从而影响本公司的整体形象。 本环节，学生通过小组讨论及教师讲解，确定在接待客户过程中正确的乘车座次及乘车时需要注意的各项细节
会议座次	（1）了解在商务接待过程中，接待人员应如何安排不同身份和级别的来访客户在会议中的座次。 （2）学生在教师的指导下，在教室模拟会议场景，进行座次排列实战演练。 **接待会议室** 本环节，学生经过分组实际操作、演练，总结出在商务接待过程中，应提前准备的物品清单，如接站牌、会议用纸、中性笔等
茶歇准备	会议茶歇可以让与会者适当放松身心，提高参会时的专注度，同时提高工作效率。在繁忙的会议中，适当的茶歇能减缓与会者的工作压力。在会议中场休息时，茶歇可以提升会场的氛围，缓解与会者的疲劳神经，与会者享受味美、可口的食品和饮料时，也会感到身心放松。 本环节，学生通过小组讨论，总结出不同的会议类型应安排的不同茶歇方案 **会议茶歇接待处**

表1-10（续）

训练步骤	详细描述
送客流程	送别客人是商务接待工作的最后环节。 本环节，教师将学生分成若干个小组，每组学生分别扮演接待人员和来访客户，演练送别场景
三、训练方法	
（1）教师将班级学生平均分成若干个小组，并进行分组讨论。 （2）学生进行角色扮演，并模拟训练。 （3）学生观察教师的示范，认真感悟商务接待流程的细节，模拟完成相关接待准备工作，进行接站接机、乘车陪车、会议座次、茶歇准备、送客流程的相关训练	
四、训练心得（成功、不足、改进措施）	
五、训练评价	

【知识平台】

在企业交往活动过程中，商务接待是给来访者留下深刻印象的重要环节。同时，商务接待是企业实力的整体表现，商务接待流程是实现接待者目的的关键节点。商务接待流程安排得是否圆满，是体现企业综合实力、企业文化的重要途径。通过专业的商务接待，既可以展现良好的企业形象，又可以扩大企业的知名度，也能为企业之间的进一步合作打下坚实的基础。接待流程准备及内容见表1-11。

表1-11 接待流程准备及内容

接待流程准备	形象礼仪准备内容
接站接机	（1）接待人员收到来访客户的接站或接机信息后，应第一时间与本公司主管接待工作的负责人进行沟通，对所有来访客户的综合信息（包括接站或接机的来访客户人数，对方企业主要联系人的姓名、职

表1-11（续）

接待流程准备	形象礼仪准备内容
接站接机	务、称谓、性别、联系方式，入住酒店，接站、接机后的会议安排，等等）进行反复确认。 （2）确认来访客户的综合信息后，接待人员应及时与来访客户取得联系，告知客户已经做好接待准备，以便客户安心；同时，发送接站、接机信息给客户，及时将本地区近期的天气情况告知客户，并提醒客户适当增减衣物。 （3）接待人员接到来访客户的出发信息后，应随时关注动车、航班到达信息，确认动车、航班准确的到达时间，提前查询往返路线中的道路拥堵情况，及时规划合理路线，避开拥堵路段，确保能按时接到客户。 （4）接待来访客户时，接待人员应至少提前半个小时到达车站或机场。如因特殊原因不能准时接站、接机时，须提前做好应急预案，同时第一时间与来访客户取得联系，及时与客户道歉并说明解决方案；接站、接机时，如果出现自己解决不了的紧急情况，应及时请示上级领导，请领导做出决策。 （5）接待陌生客户时，接待人员应在显眼位置展示接站牌、接机牌，以便于客人辨识；提前准备正规的、醒目的、质量优良的接站牌、接机牌，尽量避免出现因接站牌、接机牌规格过小而无法辨识的情况，尽量避免使用白底黑字的接站牌、接机牌；接站牌、接机牌制作前，应反复确认来访企业的名称，避免出现错别字。 （6）动车或飞机抵达后，接待人员须及时主动致电，联系来访客户并告知接待团队已经到达车站或机场等待客户，接待团队将在车站或机场的指定位置等候迎接客户；或者提前发送接机信息，如"尊敬的×××传媒有限责任公司领导您好，我是×××广告有限责任公司接待人员小林，负责您和贵单位各位同事此次的接待相关工作，我和同事已到达车站（机场），在西侧二出口等候您和您的同事的到来"。动车或飞机到达后，应及时观察客户出站情况，第一时间发现客户并主动致意
乘车陪车	（1）提前准备好相关车辆，安排合适的驾驶员及规划行车路线等。 （2）提前掌握来访客户的人数及职位信息，根据来访客户的级别选择及预订恰当的车型。 （3）提前了解来访客户的行李数量，以便安排车辆内部的空间。注意：车辆外部、内部都须清洁干净。 （4）将确定后的车辆、司机信息告知对方企业联络人。 （5）接到来访客户后，乘车时应按照来访客户的级别合理安排座次（见下图）。

表1-11（续）

接待流程准备	形象礼仪准备内容
乘车陪车	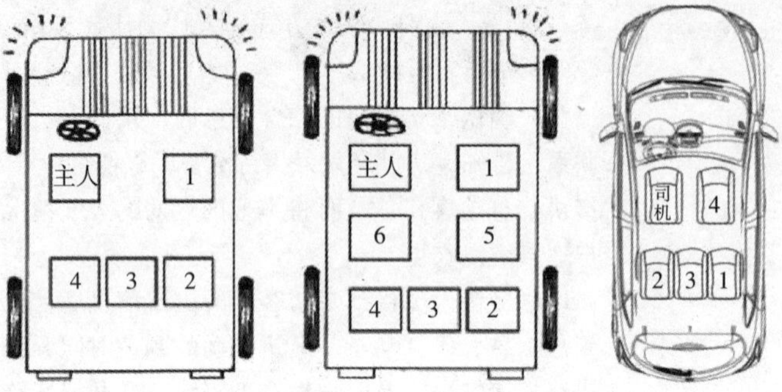 （a）　　　　　（b）　　　　（c） 注：双排、三排座的小型汽车，如果由主人亲自驾驶，一般前排为首选，后排次之；如果由专职司机驾驶，通常后排为首选，前排次之；右侧座位为首选，左侧座位次之
会议座次	在商务活动中，一般会召开会议。在开会之前，对与会领导的座次安排是非常重要的。正确的座次安排既可以提升会议的效率和质量，也可以体现出参会人员的地位和职务。那么，如何正确安排商务会议时与会领导的座次呢？ 　　会议召开之前，必须安排好座次并放好座次名牌，以便双方参会人员对号入座，避免到达会议室之后互相谦让或找不到座位。 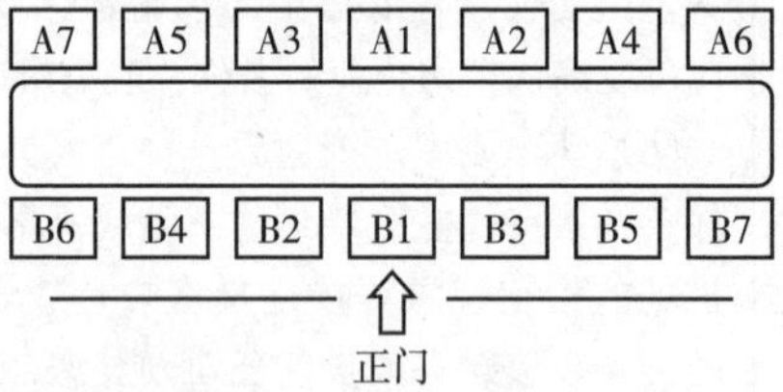 注：上图中，A为上级领导，B为主方席；1为总经理，2为副总经理，3为主任，4~7为随行人员。 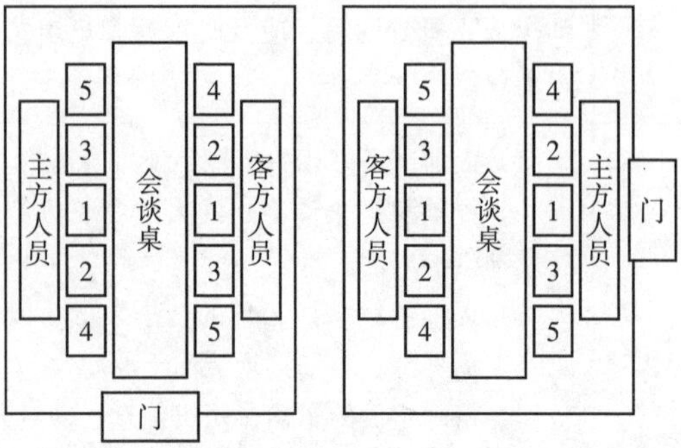 （a）　　　　　　　　　　（b） 注：上图中，1为总经理；2为副总经理；3为主任；4，5为随行人员

表1-11（续）

接待流程准备	形象礼仪准备内容
茶歇准备	茶歇活动是指在商务会议等活动中，为与会者提供茶水、咖啡、食品等饮食及中场休息场所的活动。茶歇活动不仅是商务会议中一项重要的接待环节，更是企业之间商务交往的重要社交活动。茶歇活动不仅可以为与会者提供中场休息和补充能量的时间，还可以促进企业之间的工作人员交流和商务合作，既能增强企业的品牌形象及团队凝聚力，又能展示主办方的服务水平，同时能提高接待工作的质量。 （1）按照接待计划中给出的标准及人数准备会议茶歇所需物品。 （2）在茶歇活动时间的半个小时之前，将茶歇食品装盘摆放在茶歇台上。 （3）茶歇用具使用前须进行清洗，并保持干净、卫生、整齐，不得将茶歇胡乱摆放。 （4）摆台过程中，应注意视觉上的艺术美感，造型大方、美观，给人以视觉上美的享受。 （5）茶歇食品应尽量选择大众化食品，避免准备有刺激性气味和容易导致过敏的食物。 （6）茶歇饮品（如纯净水、咖啡、茶叶等）尽量准备齐全，并准备好一次性水杯及搅拌棒。 （7）茶歇活动中准备的食品可以考虑与会者的身体情况，酌情准备木糖醇类的食品。 （8）纸巾、湿巾应摆放在明显的位置，便于与会者取用
送客流程	送客流程是整个接待过程的最后环节，接待人员需认真对待，给客户留下难忘的美好印象。 （1）核实客户离去所乘车次或航班的抵达时间、地点有无变化，以及动车或飞机停靠的情况。按照接待方针和接待计划，设计及实施欢送礼仪。为了表示重视，参加接待服务的人员应在客户住地列队欢送。欢送人员应目送客户所乘动车或飞机启动后，再返回。 （2）扫尾工作：主要包括清理房间、接待费用结算和资料汇总归档等。 （3）总结经验：每次接待任务完成后，要及时、认真地进行总结。肯定成绩，找出差距，对有突出贡献的部门和个人进行表彰。通过总结经验教训，深化对接待工作规律的认识，促进接待工作水平的不断提高

【技巧小贴士】

技巧：商务接待礼仪基本原则

商务接待成功的秘诀在于细心，照顾到每位客户的喜好，他们会对你的细心、细致工作表示赞许。应了解客户，对新老客户都热情相待。在商务接待中展现公司形象，高效完成公司的接待任务，接待过程中要做得完美。

1. 介绍的手势

五指并拢，手心向上，指向被介绍人。

2. 介绍的顺序

先将位卑者介绍给位尊者；先将男士介绍给女士；先将年轻者介绍给年长者；先将自己公司的同事介绍给别家公司的同事；先将职位低者介绍给职位高者；先将非官方人士介绍给官方人士；先将本国同事介绍给外国同事；如果身边各有一人，先介绍右边的人，再介绍左边的人。

3. 握手的礼仪

握手时，距对方约一步远，上身稍向前倾，两足立正，伸出右手，四指并拢，拇指张开，向受礼者握手，双方虎口相交。

掌心向里握手可以显示出一个人的谦卑和毕恭毕敬。平等而自然的握手姿态是两手的手掌都处于垂直状态。这是一种普通、稳妥的握手方式。

握手时要讲究先后次序，应由尊而卑，即先年长者后年幼者、先老师后学生、先女士后男士、先已婚者后未婚者、先上级后下级。

当接待来访者时，握手的礼仪如下：当客人抵达时，应由主人先伸出手与客人相握；而当客人告辞时，应由客人先伸出手与主人相握。前者表示欢迎，后者表示再见。

当双方握手时，不妨说一些问候的话，可以握紧对方的手，语气应直接且肯定，并在说到重要字眼时，稍微紧握对方的手，以加强对方对你的印象。

4. 握手的八项禁忌

（1）不要用左手与他人相握，尤其是和阿拉伯人、印度人社交时，因为在他们看来左手是不洁的。

（2）在和基督教信徒社交时，要避免两人握手时与另外两人相握的手形成交叉状，因为这种形状类似十字架，在他们眼里是不吉利的。

（3）不要戴手套或墨镜与他人握手，但是女士可以在社交场合戴着薄纱手套握手。

（4）不要在另外一只手插在衣袋里或拿着东西时与他人握手。

（5）不要在握手时面无表情、不置一词，或者长篇大论、点头哈腰、过分客套。

（6）不要在握手时仅仅握住对方的手指尖，好像有意与对方保持距离。

（7）不要在握手时把对方的手拉过来、推过去，或者一直上下左右抖动。

（8）不要拒绝和别人握手，如果有手疾、汗湿或弄脏了双手，要和对方说"对不起，我的手现在不方便"。

【任务评价】

接待流程安排任务评价标准见表1-12。

表1-12 接待流程安排任务评价标准

评价任务		评价要点	分值	自评	互评	师评
学习态度评价	出勤	无迟到早退，无缺席	5			
	任务参与度	全程参与任务，态度积极、认真	10			
知识与技能评价	接站接机	（1）接待人员提前到达接站、接机地点。（2）接待人员确定了交通工具，了解车次或航班到达日期及具体时间。（3）接待人员的接站牌、接机牌醒目、字迹清晰。（4）接站、接机过程中，语言得体，主动询问和握手，主动帮客户拿行李	20			
	乘车陪车	（1）接待人员安排好合适的驾驶员，规划好行车路线。	10			

表1-12（续）

评价任务		评价要点	分值	自评	互评	师评
知识与技能评价	乘车陪车	（2）接待人员提前掌握来访客户的人数及职位信息，根据来访客户的级别预订车型。 （3）接待人员将确定后的车辆、司机信息，通过电话告知对方的联系人。 （4）接待人员在接到来访客户后，按照对方客户的级别安排合理的座次				
	会议座次	（1）接待人员提前了解了对方客户的级别及职务。 （2）会议召开之前，接待人员安排好座次，并放好座次名牌。 （3）会议桌上的笔记本、中性笔、鲜花准备妥当	20			
	茶歇准备	（1）接待人员提前准备好会议茶歇需要的物品。 （2）接待人员对茶歇用具进行清洗、消毒，并将用具摆放整齐。 （3）接待人员将各种食品、饮品、纸巾、湿巾摆放在明显的位置，便于与会者取用	10			
	送客流程	（1）接待人员设计、实施欢送礼仪。 （2）客人返程后，接待人员做好清理房间、接待费用结算和资料汇总归档等后续工作。 （3）接待任务完成后，接待人员及时、认真地进行总结	10			
素质评价	团队协作精神	在执行任务过程中，与团队配合默契，积极承担责任，具有协作精神	5			

表1-12（续）

评价任务		评价要点	分值	自评	互评	师评
素质评价	服务意识	具有积极、热情、真诚的服务意识	5			
	精益求精	具有一丝不苟、精益求精的工匠精神	5			

项目二　会议沟通

【项目导入】

　　七彩精灵国际摄影公司创立于2010年，是某省一家知名的专业儿童摄影服务连锁机构，致力于打造儿童摄影领导品牌，在全省各区域均设有特色门店。10余年来，该公司已由最初的十几人壮大到百余人，会员总量5万余人。2022年11月，一年一度的公司年会如约而至，该公司行政部负责承担本次年会的组织工作。小宁2020年大学毕业后，即入职该公司行政部，主要负责公司资料、信息的管理及宣传报道等日常行政事务工作，以及做好公司的会议组织、记录及归档工作等。作为行政部的一员，她将参与到本次年会的筹备与组织工作中。

【整体介绍】

　　现代企业越来越注重企业文化建设。年会即每年一次的企业活动，它不仅是一个简单的聚会，而且是展示公司文化与团队精神的重要载体，也是增进公司员工与客户感情及信任的有效途径。通过年会，公司可以增强员工的归属感和认同感，促进员工之间的交流和沟通，提高员工的士气和工作热情，为公司的长远发展奠定坚实的基础。为确保一场年会的顺利召开，需要会议组织者充分做好会议整体策划、会议前期筹备、会场衔接落实、会场协调应对、会后跟踪反馈五方面的会议沟通工作。

【教学目标】

　　（1）了解会议的概念、目的及作用等。

　　（2）掌握会议组织工作的流程及要点。

　　（3）掌握会议沟通工作的基本技巧，做好会议衔接、协调工作。

　　（4）做好会议组织全过程中突发、特殊情况的沟通与处理。

（5）明确会后跟踪反馈的基本内容及注意事项。

（6）培养学生的团队意识、全局思维、严谨精神。

任务一 会议整体策划

【情景导入】

年会是公司的一场重要大型会议。经部门会议讨论，推选公司行政部员工小宁作为年会执行负责人，由她与3名同事一起协助行政主管完成本次年会的筹备与组织工作。

如果你是小宁，需要做好哪些工作才能完成本次工作任务呢？

【任务思考】

（1）一场年会需要从哪些方面进行筹备？

（2）如何有序、全面地做好大型会议的整体策划工作？

（3）如何选定参会人员、会议地点，以保证活动效果？

【知识目标】

（1）了解会议的作用及类型。

（2）了解会议筹划的基本流程。

【能力目标】

（1）能够初步制订会议方案。

（2）能够有序开展会议策划工作。

【素质目标】

（1）引导学生树立大局观，培养全局思维。

（2）培养学生团结合作、细致严谨的精神。

【技能训练】

会议整体策划的内容及细节见表2-1。

表2-1 会议整体策划的内容及细节

一、训练任务	
情景模拟	将学生分组，模拟本任务的情景导入，制订年会策划方案
二、训练过程	
训练步骤	详细描述
明确会议目的及意义	明确会议目的及意义是保证会议高效的前提条件。准备会议时，应根据不同的会议目的采取不同的策略。 本环节，教师引导学生分组讨论，使学生明确公司年会能起到集思广益、信息交流、加强领导、协调矛盾等重要作用
成立会议筹备组	依循会议目的，合理预设工作任务，明确职责分工，成立会议筹备工作组。 本环节，教师引导各小组组建工作团队，认领工作任务
分析会议常见问题	（1）对会议策划不满。 （2）对会议组织者的能力不满。 （3）对与会者表现不满。 （4）对会议效果不满
初步制订年会方案	会议策划方案必须严谨、细致、全面兼顾、复杂问题简单化。 本环节，各小组可以从以下六个方面草拟《年会策划方案》。 （1）明确年会主题。 （2）明确年会规模、与会人员情况（与会者人数、与会者角色、工作人员、服务人员等）。 （3）明确会议时间安排、地点选择等。 （4）梳理会议流程及节目菜单。 （5）商定舞台设计风格等。 （6）明确相关文件材料、食宿行安排、宣传报道等。 综合以上信息，草拟《年会策划方案》，做好预算
讨论各组年会方案	由班主任、专业教师扮演公司主管，每小组派代表交流分享本组《年会策划方案》，进行模拟提案
整体筹划调整	（1）重新考量分工是否完备、合理。 （2）重新考量会议时间、地点、价格是否合理。 （3）再次梳理会议方案可能遗漏的细节

表2-1（续）

三、训练方法
（1）教师结合班级人数、实际学情，将学生分成若干个合理化学习小组，开展小组合作学习。 （2）学生积极通过小组合作、讨论交流等方法完成头脑风暴。 （3）专业教师、班主任进行角色扮演，帮助学生完成模拟训练。 （4）学生结合知识讲解，完成技能训练
四、训练心得（成功、不足、改进措施）
五、训练评价

【知识平台】

▶ 一、会议的概念

会议是指有组织、有领导、有目的的议事活动，它是在限定的时间和地点，按照一定的程序进行的。会议一般包括讨论、决定、行动三个要素。

会议是实施管理、进行决策的重要方式，在管理工作中起着十分重要的作用。任何部门都离不开运用会议这种方式进行工作。会议也是交换意见、传播信息、沟通信息的主要手段。

▶ 二、会议的作用

（一）集思广益

通过会议，可以使不同的人、不同的想法汇聚在一起，然后相互碰撞、擦出火花，从而产生一些富有创意、切实可行的"金点子"，并通过会议进行决策。会议是实现决策科学化、民主化的有效手段。

（二）信息交流

任何会议都是某种信息输入、传递、输出的过程。通过会议，可以上传下达、联络左右、互通情况、交流经验，从而发挥信息沟通的作用。较之其他沟通形式，会议沟通具有直接、快速和形象的优势。

（三）加强领导

通过会议，可以传达上级的政策和指令，部署本组织的中心工作和重大行动，责成所属单位统一行动步调，以及解决工作中存在的某些问题。因此，会议能起到行政手段的作用。

（四）协调矛盾

通过座谈、对话、协商等会议形式，可以有效地协调组织内部的矛盾和冲突，取得事半功倍的协调效果。

▶ 三、会议的类型

根据会议性质和内容的不同，可将会议划分为十种类型：年会，专业会议，代表会议，论坛，座谈会、专题讨论会，讲座，研讨会、专家讨论会、讨论会，专题讨论会，培训性会议，奖励会议。

▶ 四、会议中的常见问题

有些会议可能产生主办方或与会者对会议的组织表示不满的情况，这会影响会议的效果。对会议的不满主要反映在如下四个方面。

（一）对会议策划不满

对会议策划不满可能是以下三个原因引起的。

（1）日程安排不合适。所选择的开会时间不合适，没有事先安排好会议日程，或者会议日程并不适合多数人。

（2）安排的与会对象不合适。

（3）会议场所准备不当。会议室可能太大或太小，会议室布置不当或缺乏必要的设备。

（二）对会议组织者的能力不满

对会议组织者的能力不满可能是以下四个原因引起的。

（1）会议组织者没有遵循会议日程的安排，使会议脱离了正常轨道。

（2）会议组织者垄断会议讨论时间，压制不同意见，试图将自己的观点强加于人。

（3）会议组织者能力较差，无法控制会议的气氛。

（4）会议组织者没有促进与会者之间的沟通。

（三）对与会者的表现不满

对与会者的表现不满最常见的原因有以下三个。

（1）与会者准备不足。与会者不了解会议议程，没有仔细准备自己的陈述，浪费宝贵的会议时间。

（2）与会者参与过多或参与过少。这既可能是由于某些地位较高的人对会议施加太多的影响，也可能是由于某些与会者采取事不关己、高高挂起的态度。

（3）某些与会者有意无意地破坏或不配合会议。某些与会者在会议上总是对别人的意见挑毛病，但自己又提不出更好的解决办法。还有个别与会者总是质疑即将达成的共识。

（四）对会议效果不满

很多情况下，主办方或与会者对会议不满是由于会议没有取得任何效果，常见的原因有以下三个。

（1）会议的决定没有得到执行。这意味着会议没有取得预期的效果。

（2）某些与会者没有执行所承诺的任务。这些人的行为可能损害了其他人的利益。

（3）会议中的新发现和所提出的建议没有得到重视及必要的传递。

【技巧小贴士】

技巧一：如何确定与会人员

（1）对实现会议目标、取得会议所需结果起关键作用的人，必须邀请参加。

（2）对达成会议目标有帮助的人，应该邀请参加。

（3）对达成会议目标可能有冲突的人，要谨慎邀请参加。

技巧二：如何选择会议时间

（1）会议应在解决问题的最佳时机召开。召开会议的时间应当考虑到尽量让所有确定的与会者都能参加会议。选择会议时间时，应考虑到以下问题：开外部会议时，对于具体的与会者来说，是选择节假日开会好，还是避开节假日更合适；开内部的小型会议时，对于具体的与会者来说，是上午召开合适，还是下午召开合适。在决定召开会议的时间时，还必须注意到，是否留有足够的会议准备时间。除非会议要处理的是紧急突发事件，否则应该等准备充分以后再召开会议。

（2）决定会议时间长短时，既要考虑会议各项议程所需时间，也要保证与会者能充分表达他们的观点。为此，最好留有一定的机动时间。在决定会议时间长短时，还需要兼顾和权衡会议的成本及效率。缩短会议时间，能够降低会议成本，提高会议效率。因此，适当地压缩会议时间，是降低会议成本、提高会议效率的有效手段。但缩短会议时间后，要注意避免遗漏或忽略某些议程，或者造成某些议程走过场的情形。

技巧三：如何选择会议地点

（1）可以根据季节、天气、交通、城市发展情况等选择会议召开地点。

（2）可以根据方便性、适宜性两个因素选择具体的会议地点。

方便性：要保证所有与会者都能利用相应的交通工具及时到达会议地点。

适宜性：会议地点应当适合会议的级别及与会者的身份。

（3）组织较大型外部会议或在异地组织会议时，必须考虑会议地点是否拥有和接待与会者人数相配套的饮食及住宿能力。

【任务评价】

会议整体策划任务评价标准见表2-2。

表2-2　会议整体策划任务评价标准

评价任务		评价要点	分值	自评	互评	师评
学习态度评价	出勤	无迟到早退，无缺席	5			

表2-2（续）

评价任务		评价要点	分值	自评	互评	师评
学习态度评价	任务参与度	全程参与任务，态度积极、认真	10			
知识与技能评价	明确会议目的及意义	（1）了解会议的基本概念，明确其类型、作用。（2）能够根据任务会议分析年会的重要作用	10			
	成立会议筹备组	（1）能够合理预设工作任务，明确职责分工。（2）能够高效组建工作团队，认领工作任务	10			
	会议方案的全面性	（1）方案制订应全面，应考虑全部细节。（2）方案中涉及的分工应合理、明确	15			
	会议方案的可执行性	（1）方案中的内容能够真正落实。（2）方案中的各项条例能够按照计划进行	10			
	会议方案的合理性	（1）方案中制订的内容应符合实际情况。（2）在学生实操过程中，力求真实展示方案的实施过程	10			
	方案应对策略	针对突发状况，有应急应对方案	10			
素质评价	团队协作精神	在执行任务过程中，与团队配合默契，积极承担责任，具有协作精神	10			
	全局思维	有全局思维，考虑周全	5			
	严谨意识	思维缜密，一丝不苟	5			

任务二　会议前期筹备

【情景导入】

小宁与3名同事经过反复商讨，制订了较为完备的《年会策划方案》。行政主管审阅该方案并上报上级领导批准后，会议进入前期筹备阶段。小宁此前曾经多次参与会议组织筹备工作，均出色地完成了自己的本职工作。而第一次作为年会执行负责人的她，又该如何与同事全面、高效地进行会议筹备工作？

【任务思考】

（1）一场年会的顺利召开需要做好哪些具体的前期准备？

（2）如何与同事分工合作，全面、高效地进行年会筹备工作？

（3）需要做好哪些准备来应对会议过程中的突发状况？

【知识目标】

（1）了解会议筹备的基本流程与具体细节。

（2）熟悉掌握会场布置的基本形式及撰写会议通知的标准格式。

（3）明确与会者的不同角色。

【能力目标】

（1）能够拟定较为完备的会议方案。

（2）能够从"文""人""物"三个方面，有序、高效地开展会议筹备工作。

（3）能够做到独立思考、团结合作，并冷静应对会议筹备过程中遇到的突发状况。

【素质目标】

（1）引导学生树立大局观，培养他们的全局思维。

（2）培养学生团结合作、细致严谨的精神。

【技能训练】

会议前期筹备的内容及细节见表2-3。

表2-3　会议前期筹备的内容及细节

一、训练任务	
情景模拟	将学生分组，模拟本任务的情景导入，撰写会议通知，做好前期筹备工作
二、训练过程	
训练步骤	详细描述
再次确定会议信息	依照《年会策划方案》，仔细核准以下会议信息：会议名称、会议主题、会议时间、会议地点、与会人员、会议流程
做好"文"的筹备	（1）细化、拟定正式的会议方案。会议方案是组织安排会议的总纲，是会议意图、目标、计划实施的书面表现形式。会议方案内容包括：会议名称、时间、地点、规模、主要内容、议程、拟请出席领导、与会人员范围、日程安排、文件材料目录、宣传报道、食宿行安排、安全保卫、工作班子组成及职责分工等。制订会议方案要坚持复杂程序简明表述、简单问题慎重对待的原则，以增强会议方案的指导性和可操作性。会议方案报送相关领导审定后，要立即召集相关单位负责人召开协调会，对各项任务进行分解。 （2）起草、审核会议通知。会议通知不仅是会议组织者向与会者传递会议信息的主要方式，也是与会者反馈信息的前提和条件。起草会议通知要做到表达准确、条理清楚、言简意赅、一目了然。会议通知的内容包括会议名称、主送单位、主要内容、报到时间和地点、与会者范围、报名要求、有关事项等。会议通知一般由会议的承办单位负责起草，然后报有关部门和领导审核签批。做好这项工作，关键在于将落实会签制度与提高效率相结合，既要严格按照程序逐级审核把关，又要做到迅速及时。 （3）编印、下发会议通知。编印、下发会议通知要把握好两点：一是及时，使与会者有充裕的时间做好准备；二是准确，防止重发、错发、漏发。在召开紧急会议需要电话通知时，要注意语言的使用，避免出现"明天""后天"等字眼，必要时说明"星期几"，防止产生歧义。 （4）编印《会议须知》。与会者通过会议通知得到召开会议的信息，但对于会议的有关安排、要求，需要通过《会议须知》来了解和掌握。大型会议活动需要编印《会议须知》，其编排要求准确、周密、合理、简洁。《会议须知》的内容包括日程安排、与会者名单、分组名单、食宿安排、乘车安排、值班电话、作息时间、注意事项等

表2-3（续）

训练步骤	详细描述
做好"人"的筹备	（1）落实与会者（参会）。按照会议通知要求的时间，对与会者逐一落实并做好登记，必要时进行电话核查、督促，统计汇总后列出请假人员名单，并及时向有关领导报告。明确与会者信息，制作通讯录。 （2）协调出席领导（听会）。初步确定出席领导名单，预约时间，发出邀请。根据会议性质拟写领导出席邀请函，报请上级领导同意后，逐一进行电话邀请。领导出席邀请函的内容包括会议时间、地点、议程。同时，帮助衔接、督促讲话稿或主持词的起草与报送，确保及时送到相关领导手中。会前再对出席领导进行一次手机短信提醒。 （3）组建保障队伍（办会）。确定主持人及具体工作负责人
做好"物"的筹备	（1）预订会议场地。会议时间确定之后，要立即与会议场所联系沟通，预订会议场地，并做好先期准备工作。 （2）基本明确会场布置方案。沟通会场陈设，如主席台、设计舞台等（详见项目二任务三）。 （3）编制座位图，制作桌签。根据统计整理后的与会者名单，合理安排与会者的会场座次。座区图和座签要反复进行核对，防止遗漏、重复，防止出现错别字。 （4）制作会标、会议证件等。有些会议需要制作会标以体现会议的主题。会标的制作一定要准确无误，并注意把握会标的长度、字体与会场是否协调一致。某些法定会议，还需要悬挂国旗和党徽。 有些会议需要制作会议证件，如出席证、列席证、工作证、车辆通行证等。证件制作要围绕会议主题，要以易于识别、方便管理、利于安全为原则进行设计制作。 （5）检查音响、灯光、麦克风等设备。根据会议议程安排话筒的数量和摆放位置，并严格落实"三检查"（布置会场时检查、会前半小时检查、会前十分钟检查）。某些法定会议须播放中华人民共和国国歌、《国际歌》，应提前进行演练并做好备份，确保万无一失。检查会场内是否有灯泡损坏，如有损坏，须提前进行更换；有投影演示时，须及时调节灯光。 （6）安排新闻报道。需要新闻报道的会议，应提前通知有关新闻单位，并要求其将记者名单报送相关部门，再按照名单通知到具体人。 （7）酒店住宿预订、会议用车预订、会议用餐预订。大型会议活动，需要借用或租用车辆；需安排专人负责车辆的召集和调度，车辆较多时，要进行乘车分组，并对车辆进行编号。同时，需要提前解决酒店住宿和用餐问题。 （8）交通疏导、安保、电力保障等。通知相关部门做好会场警卫及交通疏导工作，防止会议过程中出现意外情况。规模较大的会议，由于到会车辆较多，应安排交警在会场附近进行交通疏导。会前与供电部门沟通联系，安排保电任务，同时安排相关人员对会议场所进行内部检修。会议过程中，还需安排专人值班，以便应对突发情况

表2-3（续）

训练步骤	详细描述
会议筹备过程突发情况应对	依据日常工作可能遇到的实际困难，设置矛盾冲突，制造及模拟工作"困境"。这样，一方面可以考察学生对相关知识的掌握扎实情况，另一方面可以考察学生对突发事件的处理和应对能力
三、训练方法	
（1）教师依据此前分组情况，持续开展小组合作学习。 （2）教师细化训练任务，合理将其分解落实到小组内的每名同学，通过个体思考、集体讨论，有序开展模拟会议筹备工作。 （3）专业教师、班主任进行角色扮演，制造"困境"，引导学生解决问题，使学生更好地完成模拟训练。 （4）学生结合知识讲解，完成技能训练	
四、训练心得（成功、不足、改进措施）	
五、训练评价	

【知识平台】

一、明确与会者的角色

一次较正式的会议是由会议组织者、会议主持人、与会者、记录人员和服务人员组成的，在会议筹备阶段就应该明确每类人员的构成。

（一）会议组织者

会议组织者需要对会议的全过程负责。

首先，做好会议的筹备工作：确定是否需要开会，明确开会的目的和主题，确定与会者、会议时间和地点，安排会议议程。

其次，做好会议的组织实施工作：发放会议通知，布置会场，落实会议每项议程的执行情况。

最后，做好会议收尾和结束工作：会后总结和评估，尽快就会议的决定采取行动。

（二）会议主持人

对大多数小型会议而言，会议主持人和会议组织者是同一个人；但是对许多较正式的会议来说，两者不是同一个人。会议主持人在会议中的主要作用是引导会议、促进讨论、控制会议和做出决定等。会议主持人不仅要营造一种和谐的气氛，向与会者传递其思想和信息，也要鼓励与会者发言，激发大家的发言热情，引导大家提出更多创造性的想法和观点。会议主持人对会议的成功起着至关重要的作用。其需要发挥自身的聪明才智，控制会议的节奏和方向，确保会议的每项议程都能顺利完成并取得满意的结果。

（三）与会者

与会者是会议活动的主体，是会议成功与否的关键。根据与会者的资格，以及在会议中权利和义务的不同，常把与会者分为四类。

第一类，正式成员，是指具有表决权、选举权和发言权的有正式资格的会议成员。

第二类，列席成员，是指不具有正式资格，但有一定发言权，无表决权和选举权的会议成员。

第三类，特邀成员，是指由会议组织者根据会议需要专门邀请的成员，如上级机关的领导或来宾等。

第四类，旁听成员，是指受邀参加会议，但不具有正式资格，既无表决权和选举权，也无发言权的会议成员。

要想会议取得成功，与会者的会前准备工作非常重要，因此，会议组织者需在会前把会议主题、目标及议程等内容通过适当渠道通知与会者，促使他们搜集相关资料，做好发言的准备等。只有让与会者在会前进行缜密的思考，会议才能达到期望的效果。在会议召开过程中，与会者之间的沟通也非常重要。会议的本质就是沟通，与会者之间的有效沟通是保证会议高效的重要手段。

（四）记录人员

会议记录人员是指由会议组织者指定或委托的，负责对会议情况进行正式记录的会议成员。会议记录人员既可以是专门人员，也可以由某名与会者兼任。会议记录人员应当具有清楚、快捷的记录能力，熟悉会议内容，并具有会议所需相关知识，在态度上保持中立。

（五）服务人员

比较正式的会议，尤其是外部会议，一般都需要配备一定数量的服务人员，以从事各类服务工作。

▶ 二、会议通知的发放

会议组织者不仅要保证每名与会者在会前就收到会议通知，而且要让每名与会者有足够的时间做好参加会议的准备工作。

会议通知的内容应当尽可能详尽、明确。正式的书面通知一般应当注明会议名称、时间、地点、参加人员、内容（包括会议的目的、主题、议题、讨论提纲和议程等）、主办单位、报名参加者应支付的费用、被邀请者答复是否参加会议的最后期限、回复方式、联系电话及其他事项。但很多人往往对这种约定最后期限的做法采取不予理睬的态度，因此会议组织者最好在最后期限前后给被邀请者打电话征询他们是否参加会议的意见。

会议组织者要及时登记所得到的反馈和征询意见，以便给与会者安排食宿和座次。

【技巧小贴士】

技巧：会议通知的撰写

会议通知专门用于告知有关单位或人员即将召开会议。一则会议通知一般由标题、主送机关、正文、落款四部分组成。

标题：规范的会议标题一般由三部分组成，即会议范围、会议内容、会议性质。例如，标题"关于提高中层干部工资待遇的工作会议"，"中层干部……会议"是会议的范围；"提高……工资待遇"是会议的内容；"工作会议"是会议的性质。通常，会议通知以省略发文机关的标题为主，如"关于召开2022年上半年生产会议的通知""关于召开全省军队转业干部安置工作会议的通知"等。

主送机关：根据会议内容确定。

正文：一是会议缘由，即召开会议的依据、目的，以及会议主要内容等；二是会议事项，即会议具体内容，包括会议名称、中心议题、会议召开和报到时间、会期、地点、参加人员、注意事项等必备要素。

落款：署名、日期。

【任务评价】

会议前期筹备任务评价标准见表2-4。

表2-4　会议前期筹备任务评价标准

评价任务		评价要点	分值	自评	互评	师评
学习态度评价	出勤	无迟到早退，无缺席	5			
	任务参与度	全程参与任务，态度积极、认真	10			
知识与技能评价	再次确定会议信息	（1）能够耐心、细致、严谨地逐条核准会议信息。（2）能够根据实际情况提出合理化建议，优化会议方案	10			
	做好"文"的筹备	（1）能够合理分工，完成具体负责的筹备工作，如撰写会议通知及相关文字材料等。（2）具有一定的文字材料处理能力，站位准确、逻辑清楚，语言使用符合身份	20			
	做好"人"的筹备	（1）能够认领分工，顺利完成任务。（2）具备一定的协调、沟通能力	15			
	做好"物"的筹备	（1）能够做到逐一落实、掌握技巧、稳中有序。（2）能够做到查漏补缺、准备周全	15			

表2-4（续）

评价任务		评价要点	分值	自评	互评	师评
知识与技能评价	会议筹备过程突发情况应对	能够独立思考、团结合作，并冷静应对会议筹备过程中遇到的突发状况	5			
素质评价	团队协作精神	在执行任务过程中，与团队配合默契，积极承担责任，具有协作精神	10			
	全局思维	有全局思维，考虑周全	5			
	严谨意识	思维缜密，一丝不苟	5			

任务三 会场衔接落实

【情景导入】

小宁与同事通力合作，从会议材料、会议人员、会议设备等方面完成了会议筹备的相关工作。在具体筹备工作中，会场布置是会议成功的重要保障。小宁与同事陷入思考，他们应从哪些方面入手以做好会场布置？他们能否将会场布置得更加完美，从而保障会议的成功进行？

【任务思考】

（1）会场布置有哪些基本要求？
（2）会场布置的基本流程是什么？
（3）如何让会场布置为此次年会的顺利召开增光添彩？

【知识目标】

（1）了解会场布置的基本要求。
（2）熟悉会场布置的基本流程。
（3）掌握会场布置的基本技巧。

【能力目标】

（1）能够制订一个较为完备的会场布置方案。

（2）能够依循布置的基本流程，有序、高效地完成会场布置工作。

（3）能够通过团队合作、沟通协调的方式应对会场布置过程中遇到的突发状况。

【素质目标】

（1）引导学生树立大局观，培养他们的全局思维。

（2）培养学生团结合作、细致严谨的精神。

【技能训练】

会场衔接落实的内容及细节见表2-5。

表2-5　会场衔接落实的内容及细节

一、训练任务	
情景模拟	将学生分组，模拟本任务情景导入，制订会场布置方案，做好会场布置工作
二、训练过程	
训练步骤	详细描述
了解会场布置基本要求	教师发布任务，引导学生明确会场布置的基本要求，包括会场的选择、布局、装饰和相关服务。只有明确这些基本要求，才能将会场布置得更加完美，让与会者感到满意，从而提高会议效率
明确会场布置工作重点	（1）会场的布局。 （2）会场的装饰。 （3）会场的服务
依循会场布置基本流程	（1）确定主题和风格。如果无法确定主题和风格，可以从会场的功能出发，如会议、晚宴、制作展览等。 （2）确定会场的布局，可根据传统布置方案、舞台布置方案、展位布置方案、分区布置方案等进行选择。 （3）设计舞台布置，可根据音乐节、演讲、颁奖典礼等场景进行设计。 （4）选择座席布置，可根据走秀、泳池派对、庆典等场景进行设计。

表2-5（续）

训练步骤	详细描述
依循会场布置基本流程	（5）选择装饰物和气球，可通过儿童派对、生日宴会、主题派对等场景进行设计。 （6）考虑舞台灯光和音响，可通过婚礼、音乐节、商业展示等场景进行设计。 （7）现场设计，可通过现场音乐会、现场直播节目、灯光秀等场景进行设计
敲定会场布置方案	依据项目情景，结合年会任务的实际情况，提出会场布置方案（草稿），然后提交上级领导审阅；完善并通过方案后，依据此方案完成本次年会的会场布置工作
落实会场布置工作	（1）对接场地负责人，进一步达成合作共识。 （2）合理分工，明确每项工作的具体责任人。 （3）制作场地布置进度表，协调督促，保质保量，落实到位。 （4）整体验收与核查，及时调整及完善细节
应对会场布置突发情况	教师依据日常工作可能遇到的实际困难，设置矛盾冲突，制造及模拟工作"困境"。这样，一方面可以考察学生对相关知识的掌握情况，另一方面可以考察学生对突发事件的处理和应对能力
梳理会场布置注意事项	（1）会场所需物品准备。 （2）会场布置形式。 （3）会场人员座次安排。 （4）其他注意细节

三、训练方法

（1）教师依据此前分组情况，持续开展小组合作学习。

（2）教师细化训练任务，合理将其分解落实到小组内的每名同学，通过个体思考、集体讨论，有序开展模拟会场布置工作。

（3）专业教师、班主任进行角色扮演，制造"困境"，引导学生解决问题，使学生更好地完成模拟训练。

（4）学生结合知识讲解，反复完成技能训练

四、训练心得（成功、不足、改进措施）

表2-5（续）

五、训练评价

【知识平台】

▶▶ 一、会场布置基本要求

会议是企业、政府、组织等各种机构进行交流、沟通、决策的重要方式。会议的成功与否不仅取决于会议组织者和参与者的素质，还与会场布置有着密切的关系。会场布置是会议成功的重要保障。下面主要介绍会场布置的基本要求。

（一）会场的选择

会场的选择是会场布置的第一步，应根据会议的规模、参会人数、会议的性质、会议的目的等因素选择会场。会场的选择应符合以下要求。

（1）关于会场的面积，既要考虑能够容纳所有与会者，还要考虑到会场的布局和设备的摆放。

（2）会场的位置应方便，即交通便利，能够满足与会者的需求。

（3）会场的环境应舒适，即通风良好、光线充足，能够让与会者感到舒适。

（4）会场的设施应完备，包括投影仪、音响、麦克风等设备，以及桌椅、茶水等配套设施。

（二）会场的布局

会场的布局是会场布置的重要环节，应根据会议的性质、参会人数、会议的目的等因素布置会场。会场的布局应符合以下要求。

（1）会场的布局应该合理，既能够满足参会人员的需求，还要考虑到会议的流程和设备的摆放。

（2）会场的布局应简洁明了，能够让参会人员一目了然，不会造成混乱。

（3）会场的布局应注重空间的利用，既能够最大限度地利用会场的面积，还要考虑到参会人员的舒适度。

（4）会场的布局应注重视觉效果，既能够让与会者感到舒适、愉悦，还要符合会议的主题和氛围。

（三）会场的装饰

会场的装饰是会场布置的重要环节，应根据会议的性质、参会人数、会议的目的等因素装饰会场。会场的装饰应该符合以下要求。

（1）会场的装饰应简洁大方，不要过于华丽，以免分散与会者的注意力。

（2）会场的装饰应注重主题，能够体现会议的主题和氛围，令与会者感到舒适、愉悦。

（3）会场的装饰应注重细节，能够体现会议的精致和细腻，令与会者感到被尊重和重视。

（4）会场的装饰应注重品质，能够体现会议的高端和品质，令与会者感到满意和信任。

（四）会场的服务

会场的服务是会场布置的重要环节，服务人员应根据会议的性质、参会人数、会议的目的等因素进行服务。会场的服务应该符合以下要求。

（1）会场的服务应周到、细致，能够满足与会者的需求，让与会者感到舒适和愉悦。

（2）会场的服务应注重效率，能够快速、准确地解决与会者的问题，让与会者感到满意和信任。

（3）会场的服务应注重礼仪，能够体现会议的高端和品质，让与会者感到被尊重和重视。

（4）会场的服务应注重安全，能够保障参会人员的安全和健康，让与会者感到安心和放心。

▶▶ 二、会场布置基本流程

（一）确定主题和风格

在制订会场布置计划之前，需要确定主题和风格。主题可以是任何事物，如节日、庆典、商业展览等。确定主题后，应考虑会场的整体风格，包括颜色、灯光、设计元素等。选择正确的颜色和元素，可以营造出一个气氛浓郁的会场。

（二）确定会场的布局

在确定会场的主题和风格之后，需要设计会场布局。首先，需要考虑会场的形状和大小，以便能够将设计想法应用到现实。其次，需要保证会场布局能够顺畅地进行交通流动，同时要为与会者留出一些个人空间。

（三）设计舞台布置

舞台是会场布置中最重要的部分，因为它是整个活动的焦点。舞台布置应与主题和风格相符，需要考虑灯光、音响等设计元素。此外，可以添加植被和花卉等细节元素，使舞台更为美观。

（四）选择座席布置

无论是会议、晚宴，还是其他场合，座席布置都是重要的一环。首先应考虑座位的分配方式，如圆桌、中式宴席、教室式布局等；然后应选择正面台和中心区域，这样有助于与会者视线聚焦。

（五）选择装饰物

装饰物是会场布置的灵魂之一。因此，需要根据主题和风格，进行装饰物布置。在优秀的布置方案中，装饰物可以使会议和活动场所变得更加轻松、欢乐，从而给与会者留下深刻印象。

（六）考虑舞台灯光和音响

舞台灯光和音响都是活动会场布置设计中不可忽视的部分，在不同的活动中起着关键性作用。布置舞台灯光和音响时，需要结合活动主题及会议的性质，以便设计出一个顺畅、简便的系统，给与会者带来最佳的听觉和视觉效果。

（七）现场设计

当计划就位，所需要素都已准备好时，就可以开始进行现场布置及修正。

现场布置容易受到各种情况影响，因此需要进行不断的调整。例如，根据不同的情况，需要在现场调整并选择合适的灯光、背景布置等。

【技巧小贴士】

技巧一：会场布置的形式

会场布置的形式要根据会议的规模、性质和需要来确定。不同的会场布置形式适用于不同的会议目的，以体现不同的会议意义、气氛和效果。

（1）相对式：主席台与代表席采取面对面的形式，突出主席台的位置。相对式分为礼堂形、教室形、弦月形。

（2）全围式：不设专门的主席台，所有与会者均围坐在一起。全围式分为圆形、椭圆形、长方形、多边形。

（3）半围式：介于相对式与全围式之间，设有主席台，但在主席台正面和两侧安排代表席，这样既突出了主席台的地位，又有融洽的氛围，比较适合中小型工作会议。半围式分为马蹄形、T字形、拱桥形。

（4）分散式：将会场分为若干个中心，每个中心都有一个主桌，在一定程度上，既能突出主桌的地位和作用，又能给与会者提供多个交流的机会，气氛较为轻松和谐。分散式分为圆桌形、方桌形、V字形。

布置主席台时，前排必须是通栏，后排可根据需要安排通栏或分栏式；主席台上可设讲台、话筒，以突出发言的重要性；重要大会的主席台边还应有休息室。

其中，会场布置最常见的形式有四种：①会议桌居中布置，与会者围坐在桌子四周；②U形布置，会议主持人及重要成员坐在U字底部一边，其他与会者分坐两边；③教室布置，每人前面都有课桌供记录或放置茶水之用；④剧场布置，主持人在台上，其他与会者一起坐在台下。

技巧二：主席台布置技巧

1. 主席台座次的排列

主席台的座次安排，实际上是参加会议的领导和贵宾的次序安排，工作人员必须认真对待。要做好这项工作，首先要请领导确定主席台上就座人员的准确名单，然后严格按照名单安排座次。重大会议主席台的座次排列名单一般由办会部门负责人亲自安排，并送有关领导审定。有的会议，领导对座次问题有专门关照，则应按照领导的意见办理。

我国会议主席台的座次排列，通常的做法是身份最高的领导（有时也可以是声望较高的来宾）就座于主席台前排中央，其他领导则按照先左后右（以主席台的朝向为准）、一左一右、前高后低的顺序排列，即名单上第二位领导坐在第一位领导（居中）的左侧，第三位领导则坐在第一位领导的右侧，依次类推。若主席台上就座的人数为偶数，则以主席台中间为基点，第一位领导坐在基点的右侧，第二位领导坐在基点的左侧。

2. 会场人员座次安排

（1）横排法，即按照会议人员名单，以姓氏笔画或单位名称笔画为序，从左至右横向依次排列。

（2）竖排法，即将横排法中从左至右改为从前至后纵向排列。

（3）左右排列法，即将横排法中从左至右改为以主席台为中心，向左右两边交错排列。

3. 讲台

设置专门的讲台，既有助于突出报告人的地位，显示报告的重要性，也能够体现出会议气氛的庄严和隆重。因此，重要的代表大会、报告会等均需设置专门的讲台。一般情况下，讲台只设一个，既可设在中央，也可设在右侧（以主席台的朝向为准）。设在中央的讲台，位置应低于主席台，以免报告人挡住主席台上领导的视线。较大的会场也可以在主席台的两侧设置讲台，以方便代表上台发言。一些特殊的会议（如辩论会、联合记者招待会等）可不设主席台，只设两个讲台。

4. 会标

将会议的全称以醒目的标语形式悬挂于主席台前幕的上沿或天幕上，即会标。正式、隆重的会议都应当悬挂会标。会标可以起到体现会议的庄重性、提示会议的主题和性质、激发与会者的参与感的作用。

5. 会徽

会徽即体现或象征会议精神的图案性标志。它一般悬挂在主席台的天幕中央，形成会场的视觉中心，具有较强的感染和激励作用。

会徽一般有两种来源：一种是以本组织的徽志作为会徽，如党徽、国徽、警徽等；另一种是向社会公开征集，然后选择最能体现或象征会议精神的图案作为会徽。

技巧三：会场物品准备

（1）清洁卫生后，摆放好会议桌和足够数量的会议椅，调整好座椅位置。订做欢迎条幅，其既可挂在会场门口，也可挂在室内适当位置。

（2）摆放花卉。既可以在椭圆长桌中间空地、会议室角落放置花卉，也可以在会议桌上摆放鲜花花束。但要把握好尺寸，花卉不可过大过高，花卉颜色可视会议主题而定。

（3）确定参会人数、人员，打印座次牌，准备签字笔、笔记本等物品，每人一套。

（4）准备多媒体设备，完成调试工作。

（5）桌面物品摆放。座位正前方摆放座次牌；右手正前方摆放杯垫及水杯，杯把向右侧转45°，靠近水杯位置摆放消毒湿巾；左手前方可放置水果或瓶装纯净水，以防领导不喝茶水；正中放置笔记本，笔记本右侧放签字笔；其他物品（如激光笔、抽取式纸巾等）可随机摆放。注意：桌面应整齐划一，不可过于拥挤、杂乱。

【任务评价】

会场的衔接落实任务评价标准见表2-6。

表2-6　会场的衔接落实任务评价标准

评价任务		评价要点	分值	自评	互评	师评
学习态度评价	出勤	无迟到早退，无缺席	5			
	任务参与度	全程参与任务，态度积极、认真	10			
知识与技能评价	了解会场布置基本要求	（1）能够了解会场布置的基本要求。 （2）能够认识到会场布置的重要性	5			
	明确会场布置工作重点	（1）能够明确年会会场布置的重点工作。 （2）能够思考、讨论本次年会的会场布置需求	5			

表2-6（续）

评价任务		评价要点	分值	自评	互评	师评
知识与技能评价	依循会场布置基本流程	（1）能够厘清会场布置的基本流程。 （2）能够积极参与讨论，提出可行性建议	15			
	敲定会场布置方案	能够全程、主动参与制订会场布置方案，并提出优化建议	10			
	落实会场布置工作	（1）能够认领分工、掌握技巧、稳中有序，顺利完成任务。 （2）具备一定的协调、沟通能力	10			
	应对会场布置突发情况	能够独立思考、团结合作，并冷静应对会场布置过程中遇到的突发状况	10			
	梳理会场布置注意事项	（1）能够细心观察、认真思考，并梳理反思实操训练中遇到的实际问题。 （2）能够及时记录、认真学习相关注意要点	10			
素质评价	团队协作精神	在执行任务过程中，与团队配合默契，积极承担责任，具有协作精神	10			
	全局思维	有全局思维，考虑周全	5			
	严谨意识	思维缜密，一丝不苟	5			

任务四　会场协调应对

【情景导入】

经过小宁与同事的共同努力，他们从"文""人""物"三个方面，较为全面、高效地做好了会议筹备的各项工作，本次年会也进入具体组织实施阶段。鉴于对日常工作表现及综合素质考量，小李有幸承担本次年会的主持工作，她将如何做好会场的协调应对工作？

【任务思考】

（1）会议主持人有哪些职责？如何做好会议主持工作？

（2）会议沟通有哪些技巧？

（3）作为会议主持人，如何应对会场突发事件？

【知识目标】

（1）明确会议主持人及与会者的相关工作职责。

（2）了解会议主持人为顺利完成会议主持工作所需掌握的工作技巧。

（3）明确与会者的不同角色。

【能力目标】

（1）能够顺利完成年会的主持工作。

（2）能够保证年会在愉悦氛围中有序、圆满召开。

（3）能够独立思考、团结合作，并冷静应对会议过程中遇到的突发状况。

【素质目标】

（1）引导学生树立大局观，培养他们的全局思维。

（2）培养学生团结合作、细致严谨的精神。

【技能训练】

会场协调应对的内容及细节见表2-7。

表2-7　会场协调应对的内容及细节

一、训练任务	
情景模拟	将学生分组，结合本任务的情景导入，模拟会场突发事件，有效协调应对
二、训练过程	
训练步骤	详细描述
思考讨论工作职责（主持人）	在会议进行过程中，会议主持人要负责推进会议各项议程的实施。 本环节，学生通过小组讨论，思考会议中主持人应如何做好如下四个方面的工作： （1）维持会议秩序； （2）引导和促进讨论； （3）应对隐秘议程； （4）主持并做出决策
思考讨论工作职责（与会者）	尽管许多普通与会者并不会对会议产生决定性的影响，但是如果没有与会者的积极配合，主持人往往也很难保证会议圆满成功。为了确保会议的成功，教师组织学生讨论"与会者有哪些职责"。 （1）以积极开放的态度对待所参加的会议。 （2）做好参加会议的充分准备。 （3）在会议过程中保持积极态度
梳理敲定会议流程	会议在筹备阶段就需要安排好会议流程，并在会议开始前告知所有与会者。这样，不仅可以使与会者事先做好各种准备，也可以使会议主持人在会议进行过程中，按照事先确定的程序掌握会议进度。 本环节，教师将学生分组，讨论梳理、拉列清单，敲定会议每个阶段、每个内容大约需要的时间、主要的执行人，以及会议最终结束的时间
模拟应对突发状况	依据过往学习经验，思考年会中可能遇到的实际困难，设置矛盾冲突，制造及模拟工作"困境"。这样，一方面可以考察学生对相关知识的掌握情况，另一方面可以考察学生的突发事件处理和应对能力
完善会议主持细节	依据本次年会的全部流程，组织学生小组模拟、讨论完善本次会议主持所需要注意的细节

表2-7（续）

训练步骤	详细描述
复盘总结	为了保证会议有序、圆满召开，展现会议主持人、与会者良好的素质和能力，本环节，教师引导学生复盘总结、拉列工作清单、总结会议协调应对策略
三、训练方法	
（1）教师依据情景，将学生重新分组，开展小组合作探究学习。 （2）教师细化训练任务，合理将其分解落实到小组内每名同学，通过个体思考、集体讨论，有序开展模拟会场协调应对工作。 （3）专业教师、班主任进行角色扮演，制造"困境"，引导学生解决问题，使学生更好地完成模拟训练。 （4）学生结合知识讲解，完成技能训练	
四、训练心得（成功、不足、改进措施）	
五、训练评价	

【知识平台】

▶ 一、会议沟通基本常识

（一）适宜会议沟通的情形

（1）需要统一思想或行动时，如项目建设思路的讨论、项目计划的讨论等。

（2）需要当事人清楚、认可和接受时，如项目考核制度发布前的讨论等。

（3）传达重要信息时，如项目里程碑活动、项目总结活动等。

（4）澄清一些谣传信息时，如谣传信息将对组织产生较大影响时等。

（5）讨论复杂问题的解决方案时，如针对复杂的技术问题讨论已收集到的解决方案等。

（二）留心听取意见

会议中发表的意见，虽然内容是针对议题而论的，但追本溯源，其基础是建立在个人的人生经历、个性及对事物的看法上的，因此意见自然无法完全客观，难免有个人色彩掺杂其中。故而听取他人意见时，仍要虚心吸收其精华部分，这对个人及会议质量的提高均有所帮助。

（三）掌握发言时机

对于 7 ~ 30 人的小组会议，要掌握重要的发言时机。一是根据参加会议的人数与被要求发言的人数推测，在发言阶段前 1/3 时间段（或发言人数段）发言为妥，在发言阶段一开始发言往往会出现表达的内容欠周到的问题，拖到后面阶段发言则容易重复别人前面讲过的观点；二是当会议发言冷场 5 分钟以上时发言，冷场代表大家没准备好或暂时不想发表意见，此时发言容易得到大家关注；三是当会议出现争执状态时暂时不发言，因争执期间大家的思想处于激动状态，不能冷静思考，而留待大家冷静后再发言，容易取得共识和尊重。

（四）抓住发言要点

会议发言要抓住要点：一是内容要得体，即与会议要求的内容吻合，不能言不对题；二是观点要正确，即在阐述观点时，要有事实、讲道理；三是发言要精练，即将自己所想表达的内容概括为几点、几个字或几句话，然后展开叙述，不必面面俱到，这样可以留出别人发言的机会和时间。

▶▶ 二、会议主持人的职责

在会议进行过程中，会议主持人要负责主持实施会议各项议程。具体来说，主持人需要做好以下四个方面的工作。

（一）维持会议秩序

会议是一种群体沟通，良好的会议秩序是决定会议成功的关键因素之一。要维持好会议秩序，会议主持人要重视以下三个问题。

第一，确认会议议题。尽管大多数正式商务会议的议题都是在会前慎重确定好的，但是由于现场情况的变化，需要会议主持人临时改变会议议题的情形也较为常见。即使会议议题确定不变，在会议过程中也可能出现与会者偏离会议议题的情形。当出现这种情形时，会议主持人的一个重要职责就是及时对其加以纠正，保证会议按照计划所确定的议题进行。

第二，确定发言次序。在计划有多个人发言的情形下，为了保证每人都有机会发言，主持人必须确定发言次序，并明确分配每人的发言时间，保证发言依次顺利进行。

第三，向缺席的与会者通报会议进展情况。在较长的或多阶段的会议中，有些与会者可能无法出席全部会议，为保证会议的连续性，避免不必要的重复，主持人应指示有关人员把会议情况通报给缺席人员。

（二）引导和促进讨论

会议主持人要积极引导所有与会者参与讨论，并提出自己的意见和建议。为此，主持人需要促使所有与会者平等地参与到会议的讨论中。既要防止某些人在会上说得太多，垄断了会议的讨论，也要防止另一些人总是保持缄默，让别人无法了解他们的真正态度。围绕会议主题提出适当的问题是激励与会者发言的一种有效办法。提问不仅能够激励与会者发言，也能作为引导讨论的手段。通过提问还能打断那些滔滔不绝的与会者，为其他与会者创造更多的发言机会，这样可以使会议取得更好的效果。

（三）应对隐秘议程

在会议过程中，某些与会者可能会偏离会议主题，追求个人或小团体的利益；有时，讨论也可能演变成与会者之间的个人冲突。为避免这类问题的发生，会议主持人应当注意以下两点。

第一，事先妥善处理好不同与会者之间的关系，尽量避免因人际关系和感情问题造成与会者之间的冲突。

第二，及时遏制不良倾向，把与会者个人之间的争斗和矛盾解决在萌芽阶段，对破坏会议的行为与个人，态度要坚决，行动要果断。

（四）主持做出决策

对需要做出明确决策的会议来说，会议主持人需要承担起决策的责任，并在决策中起决定性作用。根据会议的目标和程序的不同，做出决策的方法也不相同。常见的决策方法有如下四种。

第一，权威决策法，是指由参加会议的两位或少数几位权威人士做出决策。在多数情况下，会议主持人属于权威人士之一。这种决策方法的优点是速度快、高效。权威决策法特别适合如下两种情形：一是时间紧迫，必须迅速做出决策的情形；二是会议主持人及其他权威人士的权威是得到与会者公认的，并不是仅来自地位上的差异。

第二，投票表决法，是指由所有具备正式与会资格的人投票，按照大多数人的意见做出决策，是最常见的民主决策方式。决策问题的性质不同，通过决策所需要的票数也应当有所不同，通常有半数通过有效、2/3多数通过有效、3/4多数通过有效等。尽管一般认为投票表决比较公正，但是实际上不完全如此。首先，投票表决的时机很关键。有权决定投票时间的人往往会选择对自己有利的时间来投票。其次，投票表决法可能导致持少数意见的人从群体中分裂出去。最后，尽管投票决策的规则是少数服从多数，但很难保证持少数意见的人一定能够执行投票结果。

第三，趋同决策法，是指广泛征求不同成员的意见，根据群体的大致倾向进行决策。趋同决策法的最大特点是折中，即根据全体成员的意见折中做出决定。这种决策方法的优点是考虑到每名成员的意见，并在决策中有所反映，因此，成员的参与度较高。这种决策方法的缺点是经常找不到合适的折中方案，不仅费时费力，而且方案很难使全体成员真正满意。

第四，一致决策法，是指必须所有成员都同意，决策才能通过。这种决策方法既有利于保护弱小成员的利益，也有利于所做决定的执行。这种决策方法的缺点是难以达成一致，特别是当某些成员试图利用此规则谋求更多利益时，达成一致就变得更难了。

三、与会者的职责

尽管许多普通与会者并不会对会议产生决定性的影响，但是如果没有与会者的积极配合，主持人往往很难保证会议的圆满成功。为了确保会议的成功，每位与会者都应当认识到与会者的职责。

（一）以积极开放的态度对待所参加的会议

与会者首先要树立积极态度，端正思想并认真听取别人的意见。即使会议的某个议题并不直接关系到自己的利益，与会者也应以积极的心态参与讨论。与会者应当认识到，对于任何一次会议，只要认真参与，就可能为自己提供实现如下一个或几个目的的机会。

第一，从其他与会者的知识和观点中受益。

第二，从其他与会者的背景和经历中获取有用的信息。

第三，与其他与会者交换自己的想法。

第四，以别人的眼光评价自己的观点、信念和态度。

第五，更好地了解和正确评价其他与会者，培养团队精神。

第六，激发与会者对所执行政策的参与感。

（二）做好参加会议的准备

尽管做好参加会议的准备需要花费一定的时间和精力，但是如果所有与会者都没有进行充分的准备，会议就很难取得高质量的结果。与会者的准备工作包括如下三个方面。

第一，必要时在会前就会议议题和议程向组织者提出建议。

第二，会前阅读组织者所提供的相关材料。

第三，准备好自己在会议中使用的各种相关支持文件。

（三）在会议过程中保持积极态度

首先，要做到准时出席，绝不迟到；其次，按照会议或主持人确定的次序发言；最后，记录会议决议并确定自己的责任。对于大型会议，与会者往往感到很难与其他人进行沟通，从而影响参加会议的收获和成果。为此，与会者应当努力做到以下五点。

第一，以积极认真的态度听取别人的意见。

第二，努力克服沟通障碍，适应别人的语言和表达方式。

第三，简明、清晰地表达自己的意见，学会双向沟通。

第四，培养合作和妥协精神，以灵活及宽容的态度参与沟通。

第五，强化时间意识，选择合适的发言时间和地点。

【技巧小贴士】

技巧一：会议主持人的工作技巧

如果由于组织上的失误或者事先未预料的情况变化造成会议出现混乱，会议主持人切忌因此而心烦意乱或情绪失控，可以考虑采取如下办法：

（1）冷静地分析引起问题的主要因素，提出处理对策；

（2）宣布暂时休息；

（3）把问题暂时搁置一边；

（4）取消会议，下次再开。

技巧二：会议参与的技巧

（1）严格遵守会议规则和礼节。

①参加会议必须遵守的基本规则：

❖既不能迟到，也不应早退；

❖尊重会议主持人，听从会议主持人的安排，互相配合；

❖虚心听取和分析他人的意见，不固执己见；

❖尊重会议的结果等。

②参加会议需要遵守的基本礼节如下：

❖协助会议的进行；

❖不感情用事；

❖不要把本位主义观点带进会议；

❖坚持公正的立场。

（2）树立良好的形象。与会者需要时刻留意自己在他人心目中的形象。好的形象大大有助于与会者在会议上的成功；不好的形象则会影响到其他与会者对自己表现的评价。

要塑造和维护自己良好的形象，与会者应当注意以下五个要点：

①要保持诚实，以公平的态度待人；

②要谦虚谨慎，避免夸夸其谈和自命不凡；

③要愿意听取他人的意见；

④会上不应表现出过分激动的情绪，而应当态度冷静，善于逻辑推理，以增加其他与会者对自己的信心；

⑤既不要轻易打断别人的话，也不要开口便滔滔不绝。

（3）始终保持积极的态度。无论是消极的情绪、消极的表情，还是消极的反应，都会阻碍会议取得更大的成功；而与会者的积极态度能增加整个团队的信心，成为克服困难、取得预期结果的保证。

（4）认真听取他人的意见。他人发言时，与会者应同发言者保持目光的接触，尽量明确发言者语言背后隐含的意义。与会者要防止对发言者做出不敬行为，如懒散、心不在焉或翻看图书等。

（5）学会支持他人。与会者要深入思考他人的发言，可以恰当引用他人的话语，要愿意去适应他人的语言并能清晰、扼要地发表自己的看法。

（6）确保其他与会者能够公平参与。每位与会者都要引导和鼓励那些消极的参与者公平地参与到会议中，给他们提供参与的机会。与会者反对或质疑他人的意见时要有依据，防止因此而压制不同意见。

技巧三：会议发言和答辩的技巧

第一，与会者的发言技巧。与会者应严格控制发言时间，突出重点，在最短时间内把思想表达清楚；要注意听众的反应，并在必要时及时做出反馈；要讲究说服的技巧，赢得听众的好感；要运用数据资料，增加所提出观点的可信度；要熟练地运用口头表达技巧，并富有幽默感。

第二，与会者的答辩技巧。发言者既要自信地表明自己的意见，也要有条不紊地回答提问；面对他人的提问和质疑，发言者应当自信、平静地表达自己的想法。

正确答辩问题的技巧如下：

① 听完问题后再开始回答，不应打断提问者；

② 答辩时不应有遗漏；

③ 要就事论事，不进行人身攻击，不贬低提问者；

④ 有礼貌、有分寸，或者有幽默感地巧妙避开一些难以回答的敏感问题；

⑤ 对自己表达的确实不当的陈述，与其狡辩，不如直接认错。

令人反感的会议发言如下。

① 学术理论型：不论有无必要，动辄高屋建瓴，从理论上展开阐述。

② 见闻传播型：开口即说天下事，林林总总，煞有介事。

③ 一味肯定型：只要有人发言即表示赞成、同意，一连串叫好声。

④ 支支吾吾型：口齿不清，思维混乱，观点全无，态度圆滑。

⑤ 不知所云型：似是而非，听半天不得要领，却语言老道、态度诚恳。

⑥ 不言不语型：凡开会即无语，"我没什么说的"已成口头禅。

会议提问类型见表1。

表1　会议提问类型

问题类型	问题特点
开放式问题	向与会者询问看法、意见，需要与会者花费一定的时间和精力来思考回答。例如："小王，你对这个问题怎么看？"
封闭式问题	问题的答案已经包含在问句里，与会者只需判断一下或用一两句话就可以回答。例如："小王，你同意这种观点吗？"
棱镜型问题	把别人向你提出的问题反问给所有与会者。例如：与会者问："我们应该怎么做呢？"你可以说："好吧，大家都来谈谈我们应该怎么做。"
环形问题	向全体与会者提出问题，然后每人轮流回答。例如："让我们听听每个人的工作计划。小王，由你开始。"
广播型问题	向全体与会者提出一个问题，然后等待一个人回答。例如："这份财务报表中有3个错误，谁能够纠正一下？"
定向型问题	向全体与会者提出问题，然后指定一人回答。例如："这份财务报表存在3个错误，小王，你来纠正一下？"

技巧四：营造"我群感"的气氛

　　"我群感"是从心理上让与会者对会议有一种认同感，也就是想方设法使与会者有一种对会议群体的强烈归属感。"我群感"对于调动与会者的积极性、承担其职责、增强会议内聚力、实现会议目标很有必要。

　　主持人可以在讲话中重复使用"我们""我们的""我们这次会议"等术语，使与会者产生"我们"是一个整体的感觉。同时，尽量避免使用"你们"称呼与会者。另外，可以使用特殊的会议标志（如会议代表证、出席证、会标等），以划定会议群体与非会议群体之间的界限。

技巧五：机智处理意外情况

　　会议进行过程中可能会出现意想不到的情况，此时需要会议主持人保持冷静，机智处理。如遇冷场，会议主持人要善于启发，或者选择思想敏锐、外向型的与会者率先发言；有时可以提出有趣的话题或事例，活跃一下气氛，以引起与会者的兴趣，使之乐于发言。如遇离题情况，会议主持人可接过议论中的某一句话，或者插上一句话做转接，巧妙柔和地使议论顺势回到议题上。当发生争执时，如果事实不清，会议主持人可以让与会者补充事实，或者暂停对于该问题的争执。总之，会议主持人应设法缓和冲突，而不能激化矛盾，更不能直接加入无休止的争吵。

会议主持人要善于观察与会者的性格、气质、素质和特点，并根据各类人员特点，区别对待、因势利导，从而理智应对影响会议的与会者。会议突发状况应对策略如表2所列。

表2　会议突发状况应对策略

影响会议的与会者	应对办法
口若悬河的人	有些人总喜欢让大家听自己说话，似乎要利用会议来垄断讨论。如果事先知道这类人，应安排他坐在会议主持人的左右，若他想要发言，则给他限定时间
一言不发的人	有些人只要当众讲话就会紧张得说不出话来。会议主持人可以问一些他能回答的问题，尽量帮助他克服发言时的不安心理
窃窃私语的人	当有人与邻座窃窃私语时，最好用眼神制止他。如果仍然无效，可以通过直接提问来试着打断交谈者，或者停止发言，等着他们安静下来
争论不休的人	对于事事都要争论的人，可以重复他们的意见，表示你已经接受了他们。如果还无法控制，那么可以把他们问题中存在的谬误大声念出来，然后交给大家讨论

【任务评价】

会议协调应对任务评价标准见表2-8。

表2-8　会议协调应对任务评价标准

评价任务		评价要点	分值	自评	互评	师评
学习态度评价	出勤	无迟到早退，无缺席	5			
	任务参与度	全程参与任务，态度积极、认真	10			

表2-8（续）

评价任务		评价要点	分值	自评	互评	师评
知识与技能评价	思考讨论主持人及与会者职责	（1）角色带入，认真思考。 （2）思路清晰，主动表达	10			
	梳理敲定会议流程	（1）耐心细致，考虑周全。 （2）明确会议环节及要点	10			
	模拟应对突发状况	（1）冷静、客观地面对突发状况。 （2）有条不紊、积极地解决应对。 （3）顺利解决，化解冲突	15			
	掌握会议沟通技巧	（1）严守会议规则。 （2）留心听取意见。 （3）掌握发言时机。 （4）抓住发言要点	15			
	能够进行会议沟通	（1）认真做好准备。 （2）听取他人观点。 （3）发表自己见解。 （4）做好汇报和传达	15			
素质评价	团队协作精神	在执行任务过程中，与团队配合默契，积极承担责任，具有协作精神	10			
	全局思维	有全局思维，考虑周全	5			
	严谨意识	思维缜密，一丝不苟	5			

任务五 会后跟踪反馈

【情景导入】

会后跟踪反馈是管理流程的一部分，旨在挖掘会议的效益和问题。通过会后跟踪反馈，可以发现并纠正错误，加强各部门协作，提升运营质量和效率。本次年会在各部门和主要负责同事的努力配合下圆满召开，会场布置温馨大气，会场气氛热烈，会议环节井然有序。会后，小宁与同事将持续做好本次会议的跟踪反馈工作，他们需要做好哪些工作？

【任务思考】

（1）会议结束后，需要做好哪些跟踪反馈工作？
（2）跟踪反馈过程中，需要把握哪些技巧？

【知识目标】

（1）明确会后跟踪反馈的工作内容。
（2）撑握会议纪要的相关知识。

【能力目标】

（1）能够顺利完成会后跟踪反馈工作。
（2）能够撰写会议纪要、宣传报道。

【素质目标】

（1）引导学生树立大局观，培养他们的全局思维。
（2）培养学生团结合作、细致严谨的精神。

【技能训练】

会后跟踪反馈的内容及细节见表2-9。

表2-9 会后跟踪反馈的内容及细节

一、训练任务	
情景模拟	将学生分组,结合本任务的情景导入,模拟练习,完成会后跟踪反馈
二、训练过程	
训练步骤	详细描述
重点追踪	明确目标群体,重点进行话术演练,进行有效、愉悦的电话回访,仔细记录反馈问题,并表明积极反馈的态度
宣传报道	本环节引导学生做好宣传资料的准备、撰写稿件及整理照片的工作;做好宣传报道发布工作,将稿件及照片发至新闻媒体部进行宣传报道
会议纪要	(1) 整理纪要。会议结束后应尽早整理会议纪要。 (2) 邮件发布。经领导审阅后通过邮件发布会议纪要
后续跟进	(1) 会务费用结账报销。对会务期间发生的费用进行结账报销。 (2) 会议工作总结。组织相关会务人员进行工作总结,梳理工作流程中出色之处及不足之处。 ① 物品准备是否充足完备。 ② 人员准备是否到位。 ③ 主持人是否具备调控现场的能力。 ④ 活动环节是否顺利、有序。 ⑤ 文稿等发言质量。 (3) 工作任务跟踪管理。针对会上确定的各项工作任务,进行跟踪管理
会议复盘	本环节,教师引导学生进行复盘总结,拉列工作清单,探讨会议的协调应对策略
三、训练方法	
(1) 教师依据情景,将学生重新分组,开展小组合作探究学习。 (2) 教师细化训练任务,合理将其分解落实到小组内每名同学,通过个体思考、集体讨论,有序开展模拟会场协调应对工作。 (3) 专业教师、班主任进行角色扮演,制造"困境",引导学生解决问题,使学生更好地完成模拟训练。 (4) 学生结合知识讲解,完成技能训练	

表2-9（续）

四、训练心得（成功、不足、改进措施）
五、训练评价

【知识平台】

▶ 一、会议记录相关知识

（一）会议记录的作用

任何有价值的会议都应当对会议过程与结果进行清楚的记录。会议记录通常是有必要的。许多会议结束以后，需要在会议记录的基础上整理成会议纪要或会议备忘录，作为会后行动的依据。即使在并不形成正式的会议纪要或备忘录的情形下，会议记录往往仍有必要。概括起来，会议记录具有如下作用。

（1）会议记录对今后同类会议具有借鉴作用。

（2）会议缺席人员可以通过会议记录了解会议讨论内容及会议各项决定。

（3）会议记录可以提供一份大家普遍认可的协定。

（4）会议记录可能对将来的某些决策起到参考作用。

（二）会议记录的要求和内容

对会议记录的基本要求是准确、简单和清楚。会议记录的内容分为以下两个部分。

1. 会议安排

有关会议安排，应记录会议的名称、时间、地点、出席人员、主持人和记录人等内容。

2. 会议内容

有关会议内容,应记录如下信息:会议主持人的发言要点,讨论中各方的主要观点,会议中形成的主要决议,等等。

会议记录并不是要求逐字逐句地进行记录,也不是要求记录压缩后的抽象概念。一份好的会议记录应当反映会议的所有精华内容,因此会议记录要突出如下重点:

① 与会各方的主要观点;

② 权威人士或代表人物的言论;

③ 会议结束前主持人的总结性言论;

④ 会议决议或议而未决的事项;

⑤ 对会议有较大影响的其他言论或活动。

此外,对会议的发言人及他们的主要观点也应当进行必要的记录。

(三) 对会议记录人员的基本要求

对比较重要的会议,为保证会议记录的质量,会议记录人员应当具有如下一些必要的基本素质。

1. 坚持中立立场,避免出现情绪

记录人要记录发言者的原话,不应进行任意增删修改或加入个人意见。记录人对与会者所发表的各种不同意见绝不能表现出好恶或情绪化。如果表现出好恶,就违背了当记录人的职责,与开会的目的背道而驰。记录人的情绪化也会使与会者不愿再提出有益的诚恳的意见。

2. 熟悉有关技术语言,掌握记录技巧

一名合格的记录人必须了解与会者所使用的技术语言,只有这样才能摘要地记录发言人叙述的重要内容。例如,一名对电脑一无所知的会议记录人是很难做好一场电脑系统分析会议记录的。如果会议记录人记得太多,很快就会跟不上发言者的语速;如果记得太少,记录过于简单,就不能体现整个会议过程的全貌。会议记录技术的核心是听记关键词,努力抓住发言者的基本意思和内容主旨。

3. 要保持缄默,必要时变换角色

记录人要保持缄默,尽可能不要说话。即使某些与会者表达不流畅也不要试图去帮助。如果记录人也想参与会议讨论，而且确实是会议的正式成员之一，那么应暂时退出记录，请他人做记录，然后自己发言。

【技巧小贴士】

技巧：会议善后工作技巧

1. 必要时及时和部分与会者沟通

如果会议没有取得一致的意见，尽管会议最后得出结论或做出决策，但会议主持人或组织者在会后应迅速与那些所提意见没有得到采纳或者对会议最后结果不满意的与会者进行沟通。这种沟通既可以提供关于会议最后结果的一些反馈意见，也能解决某些刚出现的新问题。此外，这种沟通能让这些与会者感到被尊重，便于以后在执行会议决定时得到他们的支持。

2. 会议纪要的分发

为了防止会议上有关各方所承诺的事情在会后没有人去执行，或者会议决定没有得到执行，或者没有在截止日期前完成预定的任务，凡是需要采取后续行动的会议一般都需要分发会议纪要。会议纪要为会议主持人和其他与会者提供了后续行动的线路图，能确保会议决定最大限度地得到执行。

3. 尽快就会议决定采取行动

衡量一次会议最终效果的好坏并不能仅仅看它的决议，而应看执行决议的结果。衡量会议主持人或某位与会者的能力也不仅是听他的话语，而是要看他的行动。因此，只有所有与会者都认真执行会议决定中自己所负责的行动，会议的结果最终付诸实践，才能认为此次会议真正成功了。

【任务评价】

会后跟踪反馈任务评价标准见表2-10。

表2-10 会后跟踪反馈任务评价标准

评价任务		评价要点	分值	自评	互评	师评
学习态度评价	出勤	无迟到早退，无缺席	5			
	任务参与度	全程参与任务，态度积极、认真	10			

表2-10（续）

评价任务		评价要点	分值	自评	互评	师评
知识与技能评价	重点追踪	（1）话术演练。 （2）电话模拟回访	15			
	宣传报道	（1）撰写稿件及整理照片。 （2）与其他部门沟通协调顺畅	15			
	会议纪要	能快速整理纪要，并正确发布	10			
	后续跟进	（1）能够处理相关会务问题。 （2）能够参与会议总结，并发现不足	10			
	会议复盘	（1）主动反思，积极复盘。 （2）思考并提出可行性策略	15			
素质评价	团队协作精神	在执行任务过程中，与团队配合默契，积极承担责任，具有协作精神	10			
	全局思维	有全局思维，考虑周全	5			
	严谨意识	思维缜密，一丝不苟	5			

项目三　客户沟通

【项目导入】

　　一日，一对新婚夫妇高兴地来到影楼拍摄婚纱照。客户经理为他们准备了几套样片，丈夫针对不同套系的价格进行反复比较，妻子一直拉着客户经理聊一些明星妆容，反复询问化妆师的化妆风格。在交谈中，妻子拒绝了客户经理推荐的化妆风格，想选用森系化妆风格，然后客户经理拿来了森系化妆风格的样片，与她的个人风格进行比较。她发现森系风格并不适合自己，最终接受了客户经理推荐的中式化妆风格。一个月后，这对新婚夫妇来取成片时，发现最喜欢的一张相片的相框开胶，于是，他们气愤地找到客户经理投诉相框的质量。客户经理了解原因后，马上道歉，并答应为他们升级一个更好的相框作为赔偿。

【整体介绍】

　　客户沟通是商务沟通中的重要内容之一，与客户进行有效的沟通是一名销售人员的基本职业素养。在实际购物环境中，做好客户分析，针对不同类型的客户使用合适的沟通技巧，是促成客户交易的前提；及时处理客户异议，发现成交信号，是促成客户交易的关键；妥善处理客户投诉，做好客户的信息整理与反馈，更是留住客户、与客户建立长期互信与合作关系的重中之重。

【教学目标】

　　（1）能够准确判断客户的类型，并针对不同类型的客户使用合适的沟通技巧。

　　（2）能够分析客户产生异议的原因，并运用适当的技巧应对客户的异议。

　　（3）能够识别、把握客户的成交信号，促成客户交易。

　　（4）能够分析出客户投诉的原因，并正确处理不同类型客户的投诉。

任务一　客户分析

【情景导入】

　　某个周末下午，一名女中学生拉着她的母亲走进服装店。女孩直奔柜台，点名要海报上的连衣裙。店员把连衣裙拿给女孩，她也不仔细看，随便试穿了一下，就趴在柜台上跟店员聊电视剧和明星。她的母亲很不耐烦，几次尝试打断女孩和店员的聊天，但都没有成功。后来，母亲很生气地问女儿到底是买裙子还是聊明星。店员试图解释，向女孩的母亲介绍连衣裙的面料款式，但是女孩的母亲完全不理会店员，拉着女孩便愤怒地离开了。

【任务思考】

　　分析女孩和母亲的客户类型及特征，给出有效的应对技巧，并填入表3-1中。

表3-1　客户类型、特征及应对技巧分析

人物	客户类型	客户特征	应对技巧
女孩	健谈型	进店后一直和店员聊天，思维跳跃，不聚焦主题，聊的很多内容与购买商品无关，如电视剧、明星等	
母亲			

【知识目标】

　　（1）掌握客户特征。

　　（2）了解客户类型。

　　（3）掌握不同客户类型的沟通方法与技巧。

【能力目标】

　　（1）能够准确识别客户的特征，判定客户的类型。

（2）能够针对不同类型的客户运用恰当的沟通方法。

（3）能够针对不同类型的客户运用合适的沟通技巧。

【素质目标】

（1）培养学生的观察能力，使他们懂得察言观色，能够想客户之所想、服务客户之所需，树立换位思考的对客服务意识。

（2）培养学生良好的沟通表达能力。

（3）培养学生团队合作意识和创新能力。

【技能训练】

客户分析的内容及细节见表3-2。

表3-2　客户分析的内容及细节

一、训练准备	
情景模拟	将学生分组，模拟本任务的情景导入，分析客户类型并制订沟通话术和策略，进行模拟演练。 情景案例： 客户：这条裙子多少钱？ 服务员：这条裙子是199元。 客户：太贵了，能不能便宜点？ 服务员：如果您是我们的会员，可以享受9折优惠，折后价是179元。 客户：还是有点贵，能不能再便宜点？ 服务员：如果您购买两件或两件以上，可以享受8折优惠，折后价是159元。 客户：这条裙子好漂亮，但是我不知道怎么搭配？ 服务员：这条裙子非常百搭，您可以搭配高跟鞋和手提包。 客户：可是我没有高跟鞋啊，只有运动鞋和平底鞋，也不知道怎么搭配手提包。 服务员：那也没关系，您可以选择平底鞋，一样可以搭配出时尚的感觉。 客户：我还是再去别人家看看吧，感觉这条裙子还是有点贵。 客户挑选裙子

表3-2（续）

二、训练过程	
训练步骤	详细描述
分析沟通过程	本环节，教师将班级学生分成若干个小组，学生分组进行讨论，分析情景模拟中与客户沟通的过程是否恰当，整个过程中有哪些恰当之处与不妥之处
分析客户特征	准确分析客户特征既是判断客户类型的前提，也是接下来能够与客户进行有效沟通的基础。 本环节，学生通过小组讨论，分析情景模拟中客户具备哪些特征，根据客户特征初步判断客户需求
确定客户类型	正确识别客户类型，可以有针对性地提供更优质的服务。 本环节，通过情景模拟中客户的语言特征和行为特征，学生经过分组讨论，总结出情景模拟中的客户属于哪种类型的客户
制订应对策略	能够针对客户的特征和类型制订完整的应对策略，是吸引客户、激发客户购买欲的关键。 本环节，教师将班级学生进行小组划分；每组结合情景案例分析，制订出一套合理并完整的应对方案，形成文字定稿，进行情景演练；每组选出学生代表对本组方案进行阐述；最后由教师及学生集体讨论和评比，选出最优方案
三、训练方法	
（1）教师将班级学生平均分成若干个小组，进行分组讨论。 （2）学生进行角色扮演，模拟训练。 （3）学生观察教师的示范，认真体会动作及语言表达的相关要领，进行训练	
四、训练心得（成功、不足、改进措施）	
五、训练评价	

【知识平台】

沟通中，应正确识别客户类型并分析其特征，及时采取相应的沟通技巧和沟通策略。客户特征类型分析见表3-3。

表3-3　客户特征类型分析

特征类型	客户特征
性别特征	客户性别的不同，对消费行为会产生一定的影响。男性客户通常具有明确的目标，行动迅速、果断，专注于目标。女性客户则将购物视为享受，容易出现计划外的支出；更注重商品的外观，追求时尚感和美感。相比之下，男性客户更关注商品的实用性，注重商品的性能和质量。女性客户受外界环境的影响较大，尤其是情绪的影响，容易冲动购买。男性客户相对更理性。女性客户喜欢听取同行者的意见，并且普遍不反感销售人员的介绍。男性客户更加独立、自信、果断，普遍不喜欢销售人员过分热情的介绍。女性客户比男性客户更懂得精打细算，对价格折扣较为敏感。而男性客户可能由于自尊心，不愿意讨价还价，显得慷慨大方
年龄特征	客户年龄不同，其消费心态和消费行为模式也存在很大差异。青少年消费者更注重美感，追求品牌，喜欢新奇的商品。随着年龄的增长，消费者的购买心态会逐渐趋向理性。中年消费者更加重视家庭消费，注重商品的质量，并且习惯于依靠经验购物，不愿意主动尝试新的商品或品牌。老年消费者更倾向于习惯性购买，追求商品的经济实用性，而商品的款式、颜色、包装被放到次要考虑方面
着装特征	留意客户的着装和配饰品牌，有助于销售人员判断客户的购买能力。因此，销售人员需要熟悉各种服装、汽车、腰带、箱包等品牌的标志。根据客户的着装风格，可以分析客户的商品偏好。朴素穿着的客户相对追求商品的实用性，而时尚穿着的客户相对注重商品的外观。穿着整齐、款式保守的客户在购物中通常更加细致谨慎。衣服的颜色可能与客户的性格有紧密关联。例如，黑色代表独立、克制，白色代表信任、纯洁，红色代表直率、活泼，黄色代表善良、信任，蓝色代表自信、果断，粉色代表温柔、感性，绿色代表敏锐、挑剔，灰色代表犹豫、被动，等等
行为特征	客户的行为特征包括行走速度、行进路线、视线停留、观察商品的动作等。有的客户行走缓慢、路线不明确，反复在多个商品之间比较，视线停留时间长，观察仔细，并伴有来回转移的特点；有的客户一眼就能看中自己感兴趣的商品，行走速度快、方向明确，但在确认兴趣后，视线停留时间也较长，并且观察仔细；有的客户直奔自己感兴趣的商品，行走速度快、方向明确，停留时间短。客户的行为特征既与是否有明确的购买意向有关，也与客户本身的性格有关

表3-3（续）

特征类型	客户特征
语言特征	不同性格的客户面对销售人员的介绍会有不同的反应。沉默的客户几乎不主动与销售人员沟通，也很少有积极的回应；外向的客户非常健谈，与销售人员聊天的内容有时甚至和商品购买没有直接关系；温和的客户会非常耐心地听销售人员介绍，并且对不喜欢的商品也会非常有礼貌地拒绝；暴躁的客户完全没有耐心听销售人员的介绍；骄傲的客户总会巧妙地炫耀自己的博学；挑剔的客户喜欢寻找销售人员的失误和商品的问题；严谨的客户会非常仔细地检查每一处细节，并对价格十分敏感

　　客户类型与沟通技巧分析见表3-4。

表3-4　客户类型与沟通技巧分析

客户类型	客户特征	沟通技巧
骄傲型客户	骄傲型客户认为自己的专业知识丰富，常常表现出比销售人员还要懂的样子。虽然这种类型的客户让很多销售人员非常头疼，缺乏应对的信心，但是骄傲型客户个性上的弱点较为明显，如希望被认同、喜欢被人吹捧等	摆正心态，收起主观的好恶之心，真诚地对待客户；在人格、社会地位上，让客户得到认同，多用客户喜欢的头衔称呼；附和客户言谈中透露出的专业，不要与客户起冲突，满足客户的自尊心
慎重型客户	慎重型客户以理智为主，在经过周密的分析和充分了解行情后，再对商品进行细致的检查、比较，反复衡量各种利弊，才做出购买决定。在购买过程中，他们的主观性较强，受广告宣传、销售人员介绍的影响较小	应注意强调物超所值的观念，抓住商品优势并给客户做深入的剖析；可以制作一张与市场其他同类型商品的分析比较表，提供专业的参考意见，使客户信服
价格型客户	价格型客户对商品的价格非常敏感，即便表现出很想购买的意向，依旧徘徊不定，如找商品的缺点或在交易时一直强调商品价格过高，其目的是促使销售人员降价出售商品，以满足其不降价会吃亏的购买心理	要明白客户的意图，不要贸然降价；面对这类客户，要强调性价比，即不断强调商品本身的价值绝对是物超所值，价格无法再降

表3-4（续）

客户类型	客户特征	沟通技巧
冲动型客户	即使第一次与冲动型客户见面，只要客户有什么不满意的地方，便会直接表达出愤怒。因此，在交易过程中，销售人员可以很直接地观察到其喜恶，很容易判断购买的概率，不用进行多余的推测	充分地准备资料，如果资料不全，要有诚意的道歉并请求客户原谅，切忌争辩，以免激怒客户。如果客户生气，要找到原因，帮客户想办法解决，并平息客户的怒火
拒绝型客户	拒绝型客户不会给销售人员任何介绍商品的机会，会直接表达不喜欢或不相信商品，甚至有时表现出对销售人员不喜欢的态度	多次访问，消除客户防卫心理，对商品多做一些解说，想办法了解客户真正拒绝的理由；切忌纠缠客户
疑虑型客户	疑虑型客户善于观察细小事物，行动谨慎，他们选购商品时从不仓促地做出决定，在听销售人员介绍和检查商品时，也往往小心谨慎和疑心重重。挑选商品动作缓慢，时间较长，还可能因犹豫不决而中断购买	避免强行销售，只进行客观说明和解释，让客户自己做决定。一旦决定，销售人员要及时认可和强化客户的选择
沉默型客户	沉默型客户在购买活动中，情感不外露，购买态度不明确，对销售人员的介绍虽然能做到认真听，但是反应冷淡，不轻易表达自己的想法	该类型客户喜欢独自选购，因此，销售人员应给客户提供静心选择的机会。应尽快抓住客户的兴趣点，使客户开口与销售人员交谈，尽量使用简短肯定的描述，解决客户担忧的潜在问题，跟进问题的力度要适当
和气型客户	和气型客户谦和有礼，他们会很专心地听商品的解说。在选购商品时，重视销售人员的介绍和意见。但是和气型客户在真正交易时，别人的意见可能会使他改变主意，有一些优柔寡断	耐心询问客户的疑惑，找出客户迟疑的原因，能较容易地找到解决方法，如果客户决定购买就尽快达成交易
健谈型客户	健谈型客户思维活跃、情感易露，在购买商品时容易接近，愿意与销售人员或其他客户交谈，并富有幽默感；对新功能非常感兴趣，愿意主动尝试新商品，有时甚至谈得忘记选购商品	应在交谈中将客户的关注点引到商品上，让客户讲与商品有关的内容；主动且适当地赞美客户，并把握时机，主动提出交易，协助客户尽快做出选择；不要用询问的方式，否则容易使客户滔滔不绝

表3-4（续）

客户类型	客户特征	沟通技巧
对抗型客户	对抗型客户具有高度的情感敏感性，对外界环境的细小变化都有所警觉。在选购过程中，往往不容易接受他人的意见和推荐，对销售人员的介绍相对警觉，且抱有一定的不信任态度	多向客户展示商品的优点，并让客户亲身感受商品，多从细节对比不同的商品

【技巧小贴士】

技巧一：沟通中的正面用词

沟通中应尽量选择积极的用词与方式。例如，"很抱歉耽误您这么久""抱歉耽误"等实际上在潜意识中强化了"耽误"的感觉，可以换成比较正面的表达，如"非常感谢您的耐心倾听"。

技巧二：沟通中的认可反馈

沟通中要适时肯定对方表述正确的内容，可以通过重复对方表述中的关键词的方式，最好能把对方表述内容的关键词经过自己的语言修饰后回馈给对方。这会让对方觉得他的沟通得到了认可与肯定。

技巧三：沟通中的耐心听取

在沟通中，应耐心听取对方需求，从而全面掌握对方沟通的内容、想法，这样才能使自己的回馈与对方的想法相契合。

技巧四：沟通中的"先跟后带"

"先跟后带"是指即使你的观点和对方的观点是相对的，在沟通中也应该先站到对方立场上去感受对方的观点，并认同对方所说的观点，再抛出自己的观点，把对方的立场转变到你的思维方式上来，化被动为主动。

【任务评价】

客户分析任务评价标准见表3-5。

表3-5 客户分析任务评价标准

评价任务		评价要点	分值	自评	互评	师评
学习态度评价	出勤	无迟到早退，无缺席	5			
	任务参与度	全程参与任务，态度积极、认真	10			
知识与技能评价	分析沟通过程	（1）能点评销售人员的沟通行为及语言。（2）制订沟通方案的过程中考虑了全部细节	10			
	分析客户特征	（1）能判定案例中的客户具备哪些特征。（2）针对客户特征能做出正确应对	20			
	确定客户类型	（1）能根据客户的语言特征和行为特征判断其类型。（2）能准确判定客户类型，识别他们的购物需求，有针对性地进行沟通	20			
	制订应对策略	（1）方案中的内容能够真正落实。（2）方案规定的内容合乎公司的实际情况。（3）在实操过程中，力求真实展示方案的实施过程	20			
素质评价	团队协作精神	在执行任务过程中，与团队配合默契，积极承担责任，具有协作精神	5			
	服务意识	具有积极、热情、真诚的服务意识	5			
	精益求精	具有一丝不苟、精益求精的工匠精神	5			

任务二　商品推介

【情景导入】

客户：你们公司主要生产什么商品呢？

销售人员：我们公司主要生产掐丝珐琅徽章，这是一种高端、精美的徽章，常用于企业品牌宣传、活动纪念等场合。

客户：掐丝珐琅徽章是什么？与普通徽章有什么不同？

销售人员：掐丝珐琅是一种独特工艺，它可以制作出精美、细致、高质量的徽章，具有非常强的视觉效果。与普通徽章相比，掐丝珐琅徽章更具品质感、高档感，可以让企业宣传更加突出、引人注目。

客户：我们想制作一批徽章用于公司活动，能否定制掐丝珐琅徽章？

销售人员：当然可以，我们公司有专业的设计师和生产团队，可以根据客户的要求进行定制。我们可以提供多种不同的材质、形状、颜色等供您选择，以满足您的需求。同时，我们提供全程服务，从设计、制作到发货都有专业的人员进行跟踪和处理。

【任务思考】

分析商品推介流程、方法及技巧，并填入表3-6中。

表3-6　商品推介分析

人物	推介流程	推介方法	推介技巧
销售人员	1. 2. 3. 4.		

【知识目标】

（1）了解商品推介的基本流程。

（2）学习商品推介的沟通方法。

（3）掌握商品推介的常用技巧。

【能力目标】

（1）能够分析客户的需要，并有针对性地推介商品。

（2）能掌握商品推介的各种方法与技巧。

（3）能运用合适的方法与技巧推介商品。

【素质目标】

（1）培养学生的洞察能力，能够准确分析目标客户的需求，提供一对一的个性化服务。

（2）培养学生的语言表达能力，能够用合适的沟通技巧推介商品。

（3）培养学生获取信息和解决问题的能力。

【技能训练】

商品推介的内容及细节见表3-7。

表3-7　商品推介的内容及细节

一、训练准备	
情景模拟	一日，一人来到某某礼品定制店，想定制具有中国特色的高品质纪念品。 　销售人员：您好，欢迎来到我们店面。我们是生产掐丝珐琅徽章的专业厂商，我们的商品种类丰富，达180种。不知道您是否有兴趣了解一下我们的商品？ 　客户：嗯，我一直在寻找一些高品质的礼品，看到你们的商品介绍，很受吸引。你能不能给我介绍一下你们的商品？ 　销售人员：当然可以。我们的掐丝珐琅徽章产品采用非常高端的珐琅工艺制作而成，保证了商品的高品质和美观度。我们的商品种类涵盖多种主题和场景，包括企业礼品、会议纪念品、学校纪念品、国际运动会奖品等。我们的商品还可以根据客户的需求进行定制，确保能够满足客户的个性化需求。 　客户：听起来不错。那你们商品的价格怎么样？ 　销售人员：我们商品的价格基于材料、工艺、数量等因素而定，但我们一直以来都是以合理的价格、高品质的商品和优质的服务来赢得客户的信任及支持的。 　客户：好的，非常感谢你的介绍。我会考虑一下的。 　销售人员：那您现在是否定制呢？ 　客户：我想再考虑一下。 　销售人员：好的，您如果考虑好了欢迎再来定制

表3-7（续）

二、训练过程	
训练步骤	详细描述
分析推介流程	商品推介是指通过介绍、演示等方法将商品直接展现和推荐给客户，是商品销售过程中的重要步骤。 本环节，教师将班级学生分成若干个小组，学生分组进行讨论，分析情景模拟中商品推介的过程是否恰当，该过程中有哪些得当之处与不妥之处
分析推介方法	在商品推介过程中采用恰当的推介方法，可以吸引客户的注意力，使客户对商品产生兴趣。 本环节，学生通过小组讨论，分析情景模拟中都采用了哪些推介方法，思考还可以用哪些方法进行商品推介
分析推介技巧	在商品推介过程中，需要灵活运用自己的语言、行为，从而艺术化地解决推介过程中遇到的实际问题，获取客户信任，激发客户的购买欲望。 本环节，学生经过分组讨论，总结出商品推介时可以运用的相关技巧
制订推介方案	学生能够针对客户需求运用恰当的推介方法和技巧，制订完整的推介方案；练习商品推介流程，为以后的工作实践打好基础。 本环节，教师将班级学生进行小组划分；学生结合情景案例分析，按照推介流程，每组制订一套合理、完整的商品推介方案，形成文字定稿，进行情景演练；每组选出学生代表对本组方案进行阐述，最后由教师及学生集体讨论和评比，选出最优方案
三、训练方法	
（1）教师将班级学生平均分成若干个小组，进行分组讨论。 （2）学生进行角色扮演，模拟训练。 （3）学生观察教师的示范，认真体会动作及语言表达的相关要领，并进行训练	
四、训练心得（成功、不足、改进措施）	
五、训练评价	

【知识平台】

商品推介的基本流程见表3-8。

表3-8　商品推介的基本流程

流程	具体方法
确认需要	在向客户介绍商品特点之前，销售人员应先明确客户的需求，只有满足客户需求的商品才有可能被成功推介。销售人员需要有针对性地向客户介绍商品，以达到事半功倍的效果
分析商品	在推介商品时，销售人员需要向客户说明商品能够为其带来的利益，激发客户的购买欲望。通过分析商品的特点和优势，销售人员可以向客户展示商品的价值和吸引力，从而引起客户的兴趣和购买的欲望
演示商品	让客户亲身感受商品，可以证实销售人员之前对商品特点的说明。客户亲身试用商品时，通过亲身体验，可以让客户从被动的角色转变为积极参与的角色。在条件允许的情况下，销售人员应向客户演示每一件商品，通过演示来加强对商品的解释，并消除客户的疑虑，从而使客户放心购买
出示证明	销售人员可以通过出示有关商品特点的说明、数据等来证明之前所说的商品特点，以增强客户对商品的认知和信心。销售人员可以利用调查研究的数据、广告、商品知识、宣传资料、客户推荐等向客户进行说明，以增强客户的购买信心和决心

成功向客户推介商品的关键在于说服力。商品本身无法表达、传达出自身的优点和特色，因此销售人员的介绍非常重要。巧妙地将商品推介给客户，能够吸引客户的注意力，增加购买的可能性。因此，销售人员对商品的介绍在推介商品时非常重要。

一个有效的商品推介方法——通过使用生动有趣的影像动画来展示商品的特点和优势，能够更好地吸引客户的注意力。同时，通过动画展示，销售人员可以更直观地向客户展示商品的使用方法和效果。

另外，销售人员可以通过口头描述的方法来推介商品。生动形象的语言描述能将商品的特点和优势传递给客户，能够更好地引起他们的兴趣和购买欲望。

综上所述，推介商品的关键在于销售人员的介绍。通过巧妙地运用影像动画和生动的口头描述，能够更好地吸引客户的注意力，增加购买的可能性。因此，销售人员应善于推介商品，并在推介过程中注意选择合适的推介方法和技巧。

商品推介的方法和技巧分别见表3-9和表3-10。

表3-9　商品推介的方法

推介方式	具体方法
语言介绍	**1. 讲故事** 在推介过程中，除了传达商品的核心价值，如果销售人员能够以讲故事的方式介绍商品，让客户听起来更生动、有趣、悦耳，从而激发购买欲望，大大提升销售效果。讲故事的方式适用于介绍产品、品牌、服务及个人销售推广。通过故事能够让客户更容易接受和理解商品，但是不应该捏造事实，销售人员必须保持真诚。 **2. 举例子** 对于一些客户来说，过多地推荐和介绍可能会引起他们的反感，此时用实际的例子来说明会更有效。例如，直接展示销售清单，让客户看到销售数据，并简单解释情况。 **3. 列数字** 客户通常对数字信息格外关注。尽管客户可能记不住这些数字，也不太了解这些数字的意义，但是用数字向客户介绍商品，可以给客户一种专业的感觉。 **4. 打比方** 客户不是专家，向客户介绍商品时，要用客户能听得懂的表述，让客户听明白，最简单的方法就是打比方，可以让客户更容易理解。 **5. 做比较** 若客户迟疑、不肯下单，原因在于客户觉得从商品上获得的价值还不够多。这时，通过做比较，从正反两面介绍商品，可以刺激客户的购买欲望。 **6. 会归纳** 当客户对商品的某一点还存在质疑时，不要滔滔不绝地解释，应用简明扼要的一句话让客户印象深刻、牢记在心。 **7. ABCD介绍法** A（authority，权威性）：利用权威机构对企业和商品的评价。B（better，更好的）：展示更好的质量。C（convenience，便利性）：使客户认识到购买、使用和服务的便利性。D（difference，差异性）：强调自身的特色优势。 **8. 做联想** 注重生活品质的客户更关注商品的细节。因此，面对这类客户时，销售人员要善于描述细节，让商品生活化，这样可以快速打动客户

表3-9（续）

推介方式	具体方法
演示示范	语言介绍并不是唯一推介商品的方法。仅仅通过语言来介绍商品会面临两个问题：一是无法清楚地介绍商品的许多功能、优点和特色；二是客户对销售人员的介绍半信半疑。因此，进行演示示范就变得非常重要。 　所谓示范，就是通过某种方式将商品的性能、优点和特色展示出来，使客户能够直观地了解和亲身感受商品。 　在向客户介绍商品时，销售人员可以根据商品的情况，通过示范来刺激客户的触觉、听觉、视觉、嗅觉和味觉；通过有理有据、有逻辑、有声有色、有故事的商品解说，充分调动客户的手、眼、鼻、耳、舌感官，关键时刻还应鼓励客户参与到商品示范中
销售工具	销售工具是指各种资料、用具和器具等，有助于介绍商品。在商品推介过程中，善于利用销售工具可以为推介增添色彩。 　销售工具有很多种类，销售人员应该善于发现和利用各种销售工具，如公司提供的宣传资料、商品图片、说明书、POP（促销物料）、数据统计资料、市场调查报告、权威机构的评价、生产许可证、获奖证书、经营部门的专营证书、鉴定书、客户来信、报纸剪报等。销售人员还可以根据自身情况设计和制作销售工具

表3-10　商品推介的技巧

技巧方式	具体方法
语言技巧	1.提问技巧 　一般来说，可以用简洁的提问方式引起客户的兴趣。针对不同的推介对象、内容和目的，需要采用不同的提问方式。提问分为封闭式提问和开放式提问。 　（1）封闭式提问是指提问者希望得到特定答案的问句，回答者可以用"是"或"否"回答这类提问。这类提问可以迅速获取所需信息，而回答者无须花费过多的思考时间。 　（2）开放式提问是指不限制回答的范围，可以让回答者自由发表意见或提供信息。这类提问可以促进客户积极参与，并且有助于销售人员了解客户的需求和喜好，从而更好地进行推介。 　2.回答技巧 　回答技巧是指在回应客户问题或反驳时，销售人员应灵活运用语言技巧来提供满意的答案。回答问题要注意以下四点。 　（1）理解问题：要仔细听客户的问题，并确保自己完全理解了问题的意思。 　（2）简明扼要：回答问题时要言简意赅，不要冗长啰唆。清晰明了的回答会更容易让客户理解。

表3-10（续）

技巧方式	具体方法
语言技巧	（3）准确明了：回答问题要准确，不含糊。如果有不确定的地方，应及时向客户说明，并承诺尽快给予答复。 （4）积极回应：回答问题时要积极主动，给客户以满意的答案。如果无法满足客户的需求，要委婉地说明，并提供其他解决方案
聆听技巧	1. 做好准备 在销售之前，要对自己销售的商品了如指掌，并做好准备。要预先考虑客户可能会提出的问题，并为这些问题准备好答案，以免在销售过程中无所适从。 2. 给客户说话的机会 缺乏经验的销售人员常常认为，推介商品就要不停地讲给客户听。事实上，有时候聆听比说话更为重要。要给客户说话的机会，不要打断客户，不要随便插话。 3. 注意力集中 销售人员要从客户的谈话中获取客户对商品要求的信息，要聚焦于客户的发言，集中注意力。 4. 有表情、有兴趣地听 优秀的聆听者不仅要认真聆听，还要表现出关注的表情，并根据情况适时提出一两个问题

【技巧小贴士】

技巧：推介过程的"4S"原则

1. Speed（迅速）

以迅速的动作表现活力，不让客户等待是服务的重要因素。

2. Smart（灵巧）

以优美、灵巧的动作和灵活巧妙的工作方式获取客户信赖。

3. Smile（微笑）

以微笑表现开朗、感恩的心。

4. Sincerity（诚恳）

对待客户要有诚意和热情，要具有真诚不虚伪的工作态度。

【任务评价】

商品推介任务评价标准见表3-11。

表3-11 商品推介任务评价标准

评价任务		评价要点	分值	自评	互评	师评
学习态度评价	出勤	无迟到早退，无缺席	5			
	任务参与度	全程参与任务，态度积极、认真	10			
知识与技能评价	商品推介流程	（1）推介方案符合商品推介的基本流程。 （2）制订推介方案过程中考虑了全部细节	10			
	商品推介方法	（1）能够运用恰当的方法对客户进行商品推介。 （2）能够洞察客户需求，根据客户的反应给出合理的应对策略	20			
	商品推介技巧	（1）能够运用合适的提问技巧和回答技巧，要点突出，条理清楚，用词准确。 （2）在推介过程中，能够掌握聆听技巧，获取客户对商品要求的信息	20			
	推介方案的可执行性	（1）方案中的内容能够真正落实。 （2）方案规定的内容合乎公司的实际情况。 （3）在实操过程中，力求真实展示方案的实施过程	20			
素质评价	团队协作精神	在执行任务过程中，与团队配合默契，积极承担责任，具有协作精神	5			
	服务意识	具有积极、热情、真诚的服务意识	5			
	精益求精	具有一丝不苟、精益求精的工匠精神	5			

任务三　客户异议处理

【情景导入】

　　某个周二下午，一位女士来到化妆品店里。她看了一圈柜台陈列的彩妆后，目光落在了01色号粉底上，示意要买这款粉底。销售人员看她的样子，猜想她应该之前对这款粉底有所了解，所以没多问，直接从库房取出这款粉底递给她。当她到收款台结算时，一看结算单，又过来和销售人员说价格不对。

　　销售人员："不对？请问有什么问题吗？"

　　女士："这款01色号粉底我记得隔壁店卖399元，你们怎么卖499元？是不是弄错了？"

　　销售人员："怎么会弄错呢，我们一直都是这样卖的，错不了的。"

　　女士："那一定是你们定价高了，其他店没这么贵！能不能优惠点呢？"

　　销售人员："不好意思，价格不是我定的，我做不了主！"

　　女士："算了，那我不要了！"

　　这位女士说完便离开了化妆品店。

【任务思考】

　　分析客户异议点，以及销售人员在处理过程中存在的问题和处理方法，并填入表3-12中。

表3-12　客户异议分析

人物	客户异议点	销售人员在处理中存在的问题	销售人员的处理办法
销售人员			

【知识目标】

　　（1）掌握客户异议的类型。

　　（2）学会常用的处理客户异议的方法。

（3）掌握处理客户异议的常用技巧。

【能力目标】

（1）能够理解常见的客户异议。

（2）能够分析客户产生异议的原因。

（3）运用适当的方法和技巧应对客户异议。

【素质目标】

（1）教会学生包容他人、理解他人，培养学生换位思考的服务意识。

（2）使学生在面对问题时具有较强的应变能力。

（3）培养学生爱岗敬业的职业精神。

【技能训练】

客户异议的内容及细节见表3-13。

表3-13 客户异议的内容及细节

一、训练准备	
情景模拟	销售人员：欢迎来到我们的化妆品店，这里有各式各样的化妆品，可以满足您的不同需求。 客户正在试用一款眼影，眉头紧锁，似乎不满意。 销售人员关注到客户情绪上的变化，微笑着走向她。 销售人员：您好！是不是对我们的产品有疑问？没关系，我会尽我所能为您提供服务。 然后销售人员耐心、仔细、专业地为客户介绍这款眼影，并帮助客户试妆。 客户：你画得真是太难看了，显得我这么黑，这款眼影颜色真的适合我吗？是不是你专业技术有问题？ 销售人员：那您看看其他颜色的眼影呢？我再帮您试妆！ 客户：不用了。 最后，客户直接离开了销售柜台。
二、训练过程	
训练步骤	详细描述
分析异议流程	在门店销售过程中，客户异议是一种常见现象。它是指客户对销售人员及其推销的产品和推销活动表现出怀疑与否定的反应。

表3-13（续）

训练步骤	详细描述
分析异议流程	本环节，教师将班级学生分成若干个小组，分组进行讨论，分析情景模拟中客户异议的类型，以及异议产生的原因
分析处理异议的方法	在处理异议的过程中，采用恰当的方法可以转移客户的注意力，使客户重拾购买信心。 本环节，学生通过小组讨论，分析情景模拟中采用了哪些处理客户异议的方法，思考还可以用哪些方法处理客户异议
分析处理异议的技巧	在处理客户异议过程中，需要灵活运用自己的语言、行为来艺术化地解决异议中的实际问题，获取客户信任，激发客户的购买欲望。 本环节，学生通过分组讨论，总结出在处理客户异议时可以运用的相关技巧
制订处理异议方案	能够针对客户的异议类型，运用恰当的方法和技巧，制订完整的处理方案，练习处理客户异议流程，为以后的工作实践打好基础。 本环节，教师将班级学生进行小组划分，结合情景模拟分析，按照处理异议的流程，每组制订出一套合理并完整的方案，形成文字定稿，进行情景演练，每组选出学生代表对本组方案进行阐述，最后由教师及学生集体讨论和评比，选出最优方案

三、训练方法

（1）教师将班级学生平均分成若干个小组，并进行分组讨论。
（2）学生进行角色扮演，模拟训练。
（3）学生观察教师的示范，认真体会动作及语言表达的相关要领，并进行训练

四、训练心得（成功、不足、改进措施）

五、训练评价

【知识平台】

客户异议的类型及原因见表3-14。

表3-14　客户异议的类型及原因

异议类型	原因
销售人员异议	销售人员对客户来讲是陌生人，因此，客户会对销售人员产生排斥态度。客户产生销售人员异议的主要原因如下： ① 销售人员的言语沟通不畅，对产品不了解，专业性不足； ② 销售人员夸大其词、信誉欠佳，令客户产生反感； ③ 销售人员缺乏应有的销售礼仪； ④ 销售人员在介绍产品的过程中运用了太多的专业术语，使客户难以理解
价格异议	价格异议是销售人员在与客户沟通过程中，遇见最多的一类异议。从市场供求关系的具体情况来看，客户一般对产品的价格最为敏感，因为这与客户的切身利益直接相关，所以许多客户在产生购买欲望之后，首先对价格提出异议。客户产生价格异议的主要原因如下： ① 客户的经济状况、支付能力； ② 客户基于对同类产品或替代产品价格的比较； ③ 客户基于对其他销售渠道同类产品价格的比较
需求异议	当客户对你说"我不需要这个东西！"或者直接告诉你"这个东西我早已经有了！"诸如此类的话语，表明客户在需求方面产生了异议。客户产生需求异议的主要原因如下： ① 客户真的不需要你的产品； ② 客户没有意识到自己对产品的需求，表示拒绝； ③ 客户意识到自己对产品有需求，但是有困难不能买，以"不需要"为理由拒绝。 如果属于第一种情况，那么销售人员应该适时停止宣传介绍；如果属于后两种情况，那么销售人员应运用有效的异议化解技巧来消除这些障碍
产品异议	在洽谈过程中，当客户对你销售的产品的质量、规格、品种、设计式样、包装等方面提出反对意见时，客户就对产品产生了异议。产品异议是一种常见的客户反对意见，一旦客户了解自己真实的需求，但担心眼下这种产品能否满足自己的需求时，自然会产生对产品的异议。客户产生产品异议的主要原因如下： ① 产品自身的不足，不能满足客户的需求； ② 客户缺乏对产品的了解； ③ 客户的主观因素，如客户的文化素质、认识水平、消费习惯、购买方式及其他各种社会成见等

表3-14（续）

异议类型	原因
服务异议	服务异议是指客户对交易过程中售前、售中、售后服务产生的异议。这些异议包括对服务方式方法的异议、服务延续时间的异议、服务范围大小的异议、服务延伸度的异议、服务实现保证程度的异议等。客户产生服务异议的主要原因如下： ① 客户对服务缺乏了解； ② 不符合客户的习惯和偏好等
支付能力异议	支付能力异议是指客户以无钱购买为由提出的一种异议。例如，一名收入颇丰的客户买了一台高级音响，他建议另一位刚毕业的小伙子也去买一台，后者坦率地告诉这位客户，尽管建议很好，但现在无力购买。这种情况是一种真实的支付能力异议。客户产生支付能力异议的主要原因如下： ① 客户出于财力问题，无法支付费用； ② 客户由于其他原因不想购买的一种借口，而产生虚假的支付能力异议
购买时间异议	购买时间异议是客户有意拖延购买时间而提出的反对意见。例如，"让我考虑一下，下星期再给你答复""我们不能马上决定，研究以后再说吧"等。客户产生购买时间异议的主要原因如下： ① 客户资金不足，周转有困难； ② 客户尚未考虑好是否购买，优柔寡断； ③ 客户对产品缺乏信心，想再观察、了解一段时间
货源异议	货源异议是客户对产品来自哪家企业和哪个销售人员而产生的不同看法。例如，客户常说："这种产品质量不可靠，我更喜欢××品牌的产品！"客户产生货源异议的主要原因如下： ① 客户对企业不了解，缺乏信任； ② 同行之间出现激烈竞争，对目前的供货状况不满意； ③ 客户想取得交易的主动权，从而获取更多利益
决策权力异议	客户有时会说："这件事我做不了主，需要跟上级领导商量后才能决定。"有的客户还会说："订货的事我无权决定。"类似这样的言语称之为决策权力异议。这种异议与其他异议一样，有真实与虚假之分，销售人员要善于识别、准确判断。客户产生决策权力异议的主要原因如下： ① 客户真的没有采购决策权； ② 客户需要时间了解产品信息，调查市场情况，以便争取更大的优势

》 一、处理客户异议的技巧

在销售过程中，销售人员经常会遇到客户提出的各种异议，销售人员在处理异议时常用的技巧有以下五个，见表3-15。

表3-15 处理客户异议的技巧

技巧	具体方法
以优补劣法	简单来说，就是用商品的优势去弥补它的劣势，激起客户的购买欲望。在客户提出该商品有不足或者劣势的情况下，销售人员不能回避问题，更不能否定商品，而是要先肯定客户提出的缺点，再逐步淡化商品的缺点，利用商品的其他优点来弥补缺点，让客户在心里取得平衡感
让步处理法	当客户存在异议时，销售人员先让步，承认客户的看法有一定的道理，再说出自己的观点。这样可以减少客户的反抗情绪，也容易被客户接受
转化意见法	销售人员在销售过程中，要学会转化，利用客户的反对意见去处理异议。很多时候，客户心里是犹豫不决的，异议既是交易的障碍，又是很好的成交机会。销售人员应该学会利用其中的积极因素去抵制消极因素，用客户自身的观点化解自身的异议。这种方法适用于客户并不十分坚持的异议，特别是客户的借口。但是在使用此方法时，一定要注意礼貌，不能让客户难为情
直接否定法	直接否定法是指销售人员直接否定客户异议的做法。这种做法有局限性，容易使气氛僵化，不利于客户接纳销售人员的意见，应尽量避免或少用。必须使用这种方法时，一定要让客户明白，否定的只是客户对商品的意见，而不是他本人，讲话的时候要委婉，维护客户的自尊心
询问客户法	询问客户法是委婉地询问客户的意见，通过反问客户，让客户说出他们真正的看法，找到客户异议的根源，从而把攻守形势反转过来。使用这种方法时，虽然要及时追问客户，但是要注意适可而止，不能刨根问底，以免冒犯客户

【技巧小贴士】

客户异议处理是指针对客户提出的异议或不满意见进行处理和解决的过程。以下是处理客户异议的一般步骤。

（1）听取并理解客户异议。客服人员需要耐心地听取客户的异议，并且要确保自己完全理解客户的问题和要求。

（2）预询解决。如果客服人员有能力直接解决客户异议，可以尝试在预询阶段解决问题。这包括提供解释、补救方案或其他合理解决方式。

（3）转移问题。如果客服人员无法直接解决问题，应该将问题转移到能够解决异议的相关部门或同事，以确保问题得到妥善处理。

（4）记录和追踪。在处理客户异议的过程中，客服人员应该记录所有相关信息（如客户技术支持请求的细节、解决方案的进展和结果），以便将来跟进或参考。

（5）及时沟通。客服人员应该保持与客户的沟通，并及时向客户提供异议处理的进展情况。这可以增强客户的信任感和满意度。

（6）寻求妥协。如果客户的要求无法完全满足，客服人员可以与客户寻求妥协，尽可能提供最可行的解决方案，以减少客户的不满。

（7）学习与改进。在处理完客户异议之后，客服人员应该总结经验教训，并提出改进意见，以提升公司的服务质量和客户满意度。

总之，处理客户异议需要耐心、谦虚和专业的态度，以确保客户的问题得到妥善解决，并最大限度地提升客户满意度。

【任务评价】

客户异议的处理任务评价标准见表3-16。

表3-16　客户异议的处理任务评价标准

评价任务		评价要点	分值	自评	互评	师评
学习态度评价	出勤	无迟到早退，无缺席	5			
	任务参与度	全程参与任务，态度积极、认真	10			
知识与技能评价	识别客户异议	（1）能够准确地识别客户表现。（2）能够准确判断客户异议的类型	10			
	理解常见异议	（1）能够理解常见的异议内容及类型。（2）能够深入了解异议内涵	10			

表3-16（续）

评价任务		评价要点	分值	自评	互评	师评
知识与技能评价	分析异议原因	（1）能够准确判断客户产生异议的原因。 （2）能够对客户异议产生的原因进行分析	20			
	处理客户异议	能够使用合适的方法处理客户异议	10			
	情景演绎	（1）能够在情景表演中分析客户异议的类型。 （2）能够在情景表演中运用恰当的方法以有效处理客户异议	20			
素质评价	团队协作精神	在任务执行过程中，与团队配合默契，积极承担责任，具有协作精神	5			
	服务意识	具有积极、热情、真诚的服务意识	5			
	精益求精	具有一丝不苟、精益求精的工匠精神	5			

任务四 交易促成

【情景导入】

客户：您好，我想装修我的家，可以向您咨询一下吗？

家装设计师：非常感谢您的咨询，我们可以先了解一下您的需求和预算，再为您设计一套符合您期望的家装方案。

客户：我的预算是30万元左右，我希望我的家可以舒适、实用、美观，能够满足我们全家的生活需求。

家装设计师：好的，我们可以根据您的要求为您设计一套定制的家装方案，并且提供多种选择。现在有"五一"促销活动，可以根据您的选择为您设计最优惠的价格报价，让您可以根据自己的需求和预算做出更好的决策。

客户：非常感谢您的专业建议和耐心指导，我非常满意您为我设计的家装方案，我决定选择您的设计方案，并且交付定金。

家装设计师：非常感谢您的信任和支持，我们一定会竭尽全力为您提供最好的家装服务，让您的家变得更加美好和舒适！

【任务思考】

以上情景中，客户的成交表现和信号类型有哪些？请填入表3-17中。

表3-17　客户成交信号分析

客户的成交表现	信号类型

【知识目标】

（1）掌握客户成交信号的种类。
（2）掌握促成客户交易的方法。
（3）掌握促成客户交易的常用技巧。

【能力目标】

（1）能够识别、把握客户的成交信号。
（2）能够根据客户表现，准确分析常见成交类型。
（3）能够运用方法和技巧促成客户交易。

【素质目标】

（1）帮助学生树立诚实守信的价值观。
（2）培养学生独立思考、理性分析和解决问题的能力。
（3）培养学生主动学习并乐于接受挑战的学习态度。

【技能训练】

交易促成的内容及细节见表3-18。

表3-18　交易促成的内容及细节

一、训练准备	
情景模拟	客户：你好，我想请你为我们家进行设计，我们希望能够打造一种新中式的风格，你觉得可以吗？ 设计师：您好，当然可以。新中式风格是目前比较流行的一种装修风格，我们可以依据你们的需求进行设计。 客户：请问新中式风格有哪些特点呢？ 设计师：新中式风格通常会融合中式传统元素和现代元素，如选择传统的红木家具，同时搭配现代简洁的布艺和照明灯具。整个风格会显得大气、典雅，同时不失现代感。 客户：听起来不错，那请问你可以帮我们设计一下吗？ 设计师：当然可以，我们会根据你们的需求和喜好进行设计，并且确保最终成品符合您的期望。 几周后…… 客户：你好，我们家已经完成装修了。我想表示感谢，因为你设计的新中式风格真的很漂亮，而且质量很好，我们很满意，直接交了全部的装修费用。 设计师：非常感谢你们对我的信任和支持。我和我的团队一直致力于为客户提供最好的设计和服务，希望你们喜欢这个新家
二、训练过程	
训练步骤	详细描述
分析交易流程	在销售过程中，销售人员需要准确捕捉客户所表现出的成交信号，以便快速达成交易。这些成交信号可以通过客户的语言、行为和情感表达出来。有些成交信号是有意为之，而有些成交信号是无意流露出来的。虽然成交信号并不一定会促使成交，但销售人员应该将其视为促成交易的有利时机，并在此基础上灵活运用促成交易的方法和技巧。 本环节，教师将班级学生分成若干个小组，分组进行讨论，分析情景模拟交易过程中的客户表现，以及有哪些成交信号
分析促成交易的方法	在商品交易过程中准确识别成交信号，并采用恰当的交易促成方法，可以加快客户购物进程，促成商品交易。 本环节，学生通过小组讨论，分析情景模拟中都采用了哪些交易促成方法，思考还可以用哪些方法促成交易

表3-18（续）

训练步骤	详细描述
分析促成交易的技巧	在促成交易过程中，需要灵活运用自己的语言、行为，以艺术化地解决推介过程中的实际问题，获取客户信任，激发客户的购买欲望。 本环节，学生经过分组讨论，总结出在促成交易时可以运用的相关技巧
制订交易促成方案	能够针对客户表现，运用恰当的交易促成方法和技巧，制订完整的交易促成方案，练习交易促成流程，为以后的工作实践打好基础。 本环节，教师将班级学生进行小组划分；学生结合情景案例分析，按照推介流程，每组制订出一套合理并完整的交易促成方案，并形成文字定稿；准备身份标识，学生分角色演绎销售人员、客户，进行情景演练；每组选出学生代表对本组方案进行阐述，最后由教师及学生集体讨论和评比，选出最优方案
三、训练方法	
（1）教师将班级学生平均分成若干个小组，并进行分组讨论。 （2）学生进行角色扮演，模拟训练。 （3）学生观察教师的示范，认真体会动作及语言表达的相关要领，并进行训练	
四、训练心得（成功、不足、改进措施）	
五、训练评价	

【知识平台】

▶ 一、成交信号

　　成交信号是指客户在语言、表情、行为等方面所表露出来的打算购买产品或服务的一切暗示或提示。在成交阶段，销售人员若想快速达成交易，就必须看准客户表现出来的各种成交信号。客户表现出来的成交信号主要有表情信号、语言信号、行为信号和进程信号等，见表3-19。

表3-19 不同成交信号的介绍及具体表现

信号类型	介绍	具体表现
表情信号	表情信号是销售人员向客户介绍产品时，从客户的面部表情和体态中所表现出来的一种成交信号。销售人员需要具备一定的职业敏感度，能够及时发现、理解、利用客户所表现出来的成交信号，从而促成交易	（1）频频点头或眨眼睛，表现出感兴趣的神情。 （2）腮部放松，情绪逐渐变得明朗轻松。 （3）表情由冷漠、怀疑变为自然、随和。 （4）眉毛舒展分开并开始上扬。 （5）眼睛转动加快，好像在思考着什么。 （6）神色变得活跃，更愿意与销售人员进行表情互动。 （7）态度更加友好，之前不自然的微笑变得自然
语言信号	语言信号是销售人员在与客户交谈的过程中，客户某些语言所流露出来的成交信号。这种信号可以从客户的询问及措辞中觉察到	（1）客户对产品给予一定的肯定或称赞。 （2）与身边人讨论产品，征求他人的意见。 （3）咨询交易方式、时间等购买中的细节问题。 （4）咨询产品具体信息，包括产品的使用方法等。 （5）咨询价格是否有优惠，探明价格底线。 （6）咨询售后服务事项，如安装、维修、退换等
行为信号	行为信号是销售人员向客户介绍产品时，从客户的细微行为中发现的成交信号。一旦客户确定要购买产品，便会放松，销售人员可以通过观察客户的动作判断是否有成交的倾向	（1）仔细查看触摸产品，并翻看说明书。 （2）身体前倾并靠近销售人员及产品，或身体后仰，或擦脸拢发，或做其他舒展动作。 （3）仔细检查订货单内容，开始计算价格。 （4）主动把销售人员推荐给相关负责人
进程信号	进程信号是销售人员向客户销售产品时，客户随着形势的发展和变化表现出来的成交信号	（1）客户主动要求进入洽谈室，或者在销售人员邀请进入时，非常痛快地答应。 （2）与销售人员会谈时，不再接待其他人员。 （3）销售人员在订单上书写内容时，客户没有拒绝。 （4）向销售人员介绍公司采购流程和相关决策人。 （5）索取报价单或产品样品，并仔细研究询问

⟫ 二、促成客户交易的方法和技巧

促成客户交易的方法和技巧见表3-20。

表3-20　促成客户交易的方法和技巧

方法	介绍	适用场合	优点	不足
直接成交法	直接成交法是销售人员直截了当地建议客户购买产品的方法，是最简单、最常用的成交方法	（1）比较熟悉的客户。 （2）客户既没有提出异议，也没有明确地表明要购买。 （3）对于客户提出的问题，销售人员都给予很好的解释，客户仍不表明要购买。 （4）客户通过语言、表情、行为等发出成交信号	可以有效、快速地促成交易，可以通过要求成交向客户进行直接的提示，或略施压力，这样可以提高工作效率	不合时宜地直接提出成交可能会破坏原本不错的销售气氛，增加客户的心理压力，使销售动机和目的过于明显
假定成交法	假定成交法是销售人员在假定客户已经同意购买的基础上，通过讨论一些具体问题而促成交易的一种方法	（1）老客户或经销商。 （2）依赖型和决策能力弱的客户。 （3）明确发出各种成交信号的客户。 （4）没有销售异议的客户	将会谈直接带入实质性阶段，可以避免因客户的反复而拖延销售时间，提高销售效率	销售人员在不恰当的时机使用这种方法，会使客户形成心理压力，破坏成交气氛，不利于进一步处理客户异议，还可能会让销售人员丧失成交的主动权
选择成交法	选择成交法是销售人员向客户提供一些购买决策的选择方案，使客户只在有效成交范围内	（1）客户已接受销售建议。 （2）客户已具备购买某种产品的信心。	可以使客户减轻心理压力，有利于销售人员掌握成交主动权，留有回旋余地	如果销售人员提出的备选方案令客户无法接受或无能力接受，或者备选方案过多、客户

表3-20（续）

方法	介绍	适用场合	优点	不足
选择成交法	进行方案选择的一种成交方法	（3）客户已决定购买，只是在规格、型号、交货时间、购买数量上存在疑虑		无所适从，便会丧失成交机会
优惠成交法	优惠成交法是销售人员通过提供优惠的交易条件来促成交易的方法	（1）求利心切而在同行购买者中有影响的客户。（2）同竞争对手争夺客户的特别时期。（3）大批量生产可降低成本的产品	可以加快销售进程	长期使用会助长客户对优惠条件更进一步的要求，容易形成恶性循环
异议成交法	异议成交法是销售人员利用处理客户异议的机会，以处理好客户主要异议为基础，直接要求客户成交的方法	（1）在分析客户异议类型、确定主要的成交异议后，再进行处理，并请求成交。（2）销售气氛较好，没有给客户造成太大的心理压力	节省销售洽谈的时间，既能使客户感到满意，又能体现出销售人员的专业度	客户异议类型较多，如果销售人员没有抓住主要异议，在处理次要异议后立即要求成交，会给销售带来新的障碍
小点成交法	小点成交法又称次要问题成交法或避重就轻成交法，是一种先在一些次要的、易达成一致意见的问题上与客户达成购买协议或取得一致性看法，再逐步促成交易的方法	（1）销售人员看准成交信号，决策的关键点只在某一小点上。（2）销售人员未发现任何成交信号，需做出能够避免冷遇或反感的成交尝试。（3）成交气氛比较紧张，交易无法直接促成	有利于销售人员主动做出成交尝试并保持成交主动权，同时有助于增强销售人员的信心	容易分散客户注意力，引起客户误会，拖长成交时间

表3-20（续）

方法	介绍	适用场合	优点	不足
从众成交法	从众成交法又称排队成交法，是销售人员利用客户的从众心理促使客户购买产品的一种成交方法	（1）比较时尚的产品。 （2）客户有从众心理	当客户了解到很多客户购买了某个产品后，无形中给自己一种压力与紧迫感，会促使客户很快下决心购买。可以利用一部分客户的购买行为发起整体大批订货，如能因势利导，甚至可以发生滚雪球式的购买现象，取得较好的销售成绩	可能忽视对客户的信息传递，忽视销售主体双方的沟通，导致客户在盲从情况下实行购买，从而引发不良后果，甚至发生成交混乱的现象，会因引起反从众心理而不利于销售
试用成交法	试用成交法是销售人员将产品留给客户使用一段时间，从而促成客户购买的方法	（1）的确需要、但是在短时间内不能下决心购买的客户。 （2）在试用过程中，对产品损耗不大的产品。 （3）个体单价很小，而且可以现场试用、品尝、鉴定的产品	客户试用后对产品及销售人员会产生信任，能降低购买后退货的风险。试用后，通过客户的口碑可以扩大产品的影响力，有利于扩大客户的范围	试用成交法可能会让本可以马上达成的交易变成延迟成交，从而降低销售的效率
最后机会成交法	最后机会成交法是销售人员直接向客户提示最后成交机会和有限成交机会，从而促使客户立即实施购买行为的一种成交方法	产品供不应求时	使客户有一种内在式的成交压力。可以限制成交内容和成交条件，使客户在一定范围内较快成交，提高成交效率	如以限制条件和限制内容向客户进行最后机会提示，无疑是向客户发出最后通牒，可能使销售人员失去最后的销售机会

表3-20（续）

方法	介绍	适用场合	优点	不足
保证成交法	保证成交法是销售人员直接向客户提供成交保证，促使客户立即购买产品的一种成交方法	（1）产品缴纳的金额比较大。 （2）客户对产品并不是十分了解。 （3）客户有心理障碍，对成交犹豫不决	可以消除客户的成交心理障碍，增强客户对产品的信心	盲目地提供成交保证，不利于开展重点成交，一旦不能兑现保证，会失去销售信用，不利于发展与客户的关系

【技巧小贴士】

交易促成技巧是指在商业交易中，通过一系列的策略和技巧来推动和促成交易的方式。以下是一些常见的交易促成技巧。

1.了解对方的需求

在交易过程中，了解对方的需求是非常重要的。通过充分了解对方的需求，可以更好地定位自己的产品或服务，并与对方的需求相匹配。

2.建立良好的关系

建立良好的关系是促成交易的关键。通过有效沟通和建立信任，可以增加对方与自己合作的意愿，并缩短交易周期。

3.提供有吸引力的报价

在商业交易中，提供有吸引力的报价是吸引对方的重要因素之一。可以通过降低价格、增加附加值或提供定制化的解决方案的方式，增加报价的吸引力。

4.展示产品或服务的价值

展示产品或服务的价值是促成交易的另一个关键因素。可以通过演示、案例分析或客户口碑等方式，展示产品或服务的价值，从而增加对方的购买意愿。

5.创造紧迫感

创造紧迫感是推动交易促成的重要手段之一。通过限时优惠、供应紧缺等方式，可以加快对方的购买决策速度，并促使交易达成。

6.解决对方的疑虑和担忧

在交易过程中，对方可能会有疑虑和担忧。解决这些问题是促成交易的关键。可以通过提供解决方案、参考案例或提供担保等方式，减轻对方的疑虑和担忧。

7.灵活协商

灵活协商是交易促成的重要策略之一。可以通过灵活调整条件、提供额外的服务或通过合作伙伴关系提供更多的支持，来满足对方的需求，并达成交易。

总之，掌握上述交易促成技巧，可以更好地推动和促进交易的达成。

【任务评价】

交易促成任务评价标准见表3-21。

表3-21 交易促成任务评价标准

评价任务		评价要点	分值	自评	互评	师评
学习态度评价	出勤	无迟到早退，无缺席	5			
	任务参与度	全程参与任务，态度积极、认真	10			
知识与技能评价	识别成交信号	（1）能及时关注客户表现。 （2）依据客户表现识别成交信号	15			
	确定成交类型	（1）能够掌握各种常见的成交类型。 （2）能根据客户表现，确定常见的成交类型	15			
	分析成交行为	（1）在交易过程中，能够看准客户表现的各种成交信号。 （2）能根据客户表现，进行成交信号分析	20			
	交易促成方案	（1）能够分析出交易过程中不同的成交类型。 （2）能根据不同的成交类型，制订交易促成方案	20			

表3-21（续）

评价任务		评价要点	分值	自评	互评	师评
素质评价	团队协作精神	在执行任务过程中，与团队配合默契，积极承担责任，具有协作精神	5			
	服务意识	具有积极、热情、真诚的服务意识	5			
	精益求精	具有一丝不苟、精益求精的工匠精神	5			

任务五　投诉处理

【情景导入】

一位女性客户来到化妆品柜台，她的脸部明显过敏，红肿痒痛。销售人员热情地问候："您好，请问有什么可以帮到您吗？"

女性客户不满地回答："前天我在这里买了一款护肤品，但是回家使用后我脸部过敏了，现在我的脸非常难受。"

销售人员马上向她道歉："非常抱歉，您的脸部过敏确实非常严重。请您告诉我您购买的是哪个品牌的护肤品和具体的产品名称。"

女性客户告诉了销售人员购买的品牌和产品名称。销售人员向女性客户道歉并表示会帮助她解决问题。

销售人员首先询问女性客户过敏的情况，然后详细记录下她的症状和使用方式，接着向女性客户解释了该产品的成分及使用方法，并表示这款护肤品是经过严格的质量检测的。

女性客户听后依然不满："但是这个产品明显影响到我的皮肤，我想要退货。"

销售人员耐心地解释："我们可以为您提供退货服务，但是在这之前，我建议您先去医院检查一下，确保您的过敏是由这款护肤品引起的。如果确实是这个原因，我们会尽快处理您的退货需求。"

女性客户经过检查后，确认是这款护肤品引起了她的过敏。销售人员立刻为她办理了退货和退款手续，并对她的不满再次表示歉意，并表示会为她寻找更适合她的护肤品，帮助她解决皮肤问题。

最终，女性客户心情舒畅地离开了柜台。她深深地感受到了销售人员为她提供的关心和贴心的服务，对品牌的信任度也得到提高。

【任务思考】

分析以上情景中的客户投诉类型、解决方法及应对技巧，并填入表3-22中。

表3-22 客户投诉分析

人物	投诉类型	解决方法	应对技巧
客户			

【知识目标】

（1）掌握客户投诉的常见内容和原因。

（2）掌握投诉对企业产生的积极因素。

（3）掌握处理客户投诉的方法和流程。

【能力目标】

（1）能够分析出客户投诉的内容。

（2）能够准确分析产生投诉的原因。

（3）能够正确处理不同类型客户的投诉。

【素质目标】

（1）培养学生沟通与合作的能力，使学生能够有效地与他人交流、合作和解决投诉。

（2）培养学生诚实、守信、尊重他人的道德品质。

（3）培养学生爱岗敬业的职业精神与良好的服务意识。

【技能训练】

投诉处理的内容及细节见表3-23。

表3-23　投诉处理的内容及细节

一、训练准备	
情景模拟	一天，小丽和她的闺蜜约好去商场逛街买彩妆。小丽一直都很喜欢化妆，对各种彩妆非常感兴趣。在商场里，她们找到了一家知名的化妆品专柜，并开始仔细挑选喜欢的眼影盘。 　　最终，小丽选了一款五色眼影盘，颜色非常适合她的妆容。然而，当她回家打开眼影盘时，发现其中一块眼影已经碎裂了。这让小丽感到非常失望，便决定来到专柜投诉产品的质量问题并要求赔偿。 　　小丽来到专柜后，向销售人员讲述了发生的事情。销售人员非常耐心地听取了小丽的投诉，随后立即拿出一个新的眼影盘给小丽进行更换。她还向小丽道歉，并解释说产品在运输中可能会受到损坏，但他们一定会尽力防止这种情况发生。 　　小丽非常感激这位销售人员专业和耐心地处理她的投诉，她知道这是一个无法预测的意外事件，但在销售人员的服务下，她充分体验到专柜的优质服务。最终，小丽满意地离开了专柜，也对这家化妆品品牌留下了良好的印象
二、训练过程	
训练步骤	详细描述
分析投诉流程	妥善处理客户投诉对企业至关重要。如果不处理好投诉，企业可能会失去现有客户并错失大量潜在客户。投诉处理有以下三个方面的影响：首先，妥善处理投诉可以促进销售，并建立客户忠诚度，从而促进企业的成长；其次，妥善处理投诉可以提高企业的声誉和信誉度；最后，客户投诉处理不当可能引发企业信任危机，对企业形象造成负面影响。因此，企业应该重视客户投诉，并采取适当的措施来解决问题。 　　本环节，教师将班级学生分成若干个小组，分组进行讨论，分析情景模拟中投诉处理的过程是否恰当，以及处理过程中有哪些得当之处与不妥之处
分析投诉处理方法	分析投诉类型及原因，采用恰当的投诉处理方法，及时挽回客户，重获客户信任。 　　本环节，学生通过小组讨论，分析情景模拟中都采用了哪些投诉方法，思考还可以用哪些方法处理投诉

表3-23（续）

训练步骤	详细描述
分析投诉处理方法	在投诉处理过程中，需要灵活运用自己的语言、行为，艺术化地解决投诉过程中的实际问题，获取客户信任，重新挽回客户，使客户达到满意。 　　本环节，学生通过分组讨论，总结出在处理投诉时可以运用的相关技巧
制订投诉处理方案	能够针对客户投诉内容，运用恰当的投诉处理方法和技巧，制订完整的投诉处理方案，熟悉客户投诉处理流程，为以后的工作实践打好基础。 　　本环节，教师将班级学生进行小组划分；学生结合情景案例分析，按照投诉处理流程，每组制订出一套合理并完整的投诉处理方案，形成文字定稿；小组成员分别扮演门店方和客户方，根据流程设计完成门店方和客户方的模拟活动，并进行记录；进行情景演练，每组选出学生代表对本组方案进行阐述，最后由教师及学生集体讨论和评比，选出最优方案
三、训练方法	
（1）教师将班级学生平均分成若干个小组，并进行分组讨论。 （2）学生进行角色扮演，模拟训练。 （3）学生观察教师的示范，认真体会动作及语言表达的相关要领，并进行训练	
四、训练心得（成功、不足、改进措施）	
五、训练评价	

【知识平台】

▶ 一、客户投诉常见的内容

　　客户投诉是企业改进的机会。投诉时，客户对商家的评价是一种重要的信息。对于投诉，要承认它本身所具有的"财富"价值，这些价值可以使商家更清楚地认识到自己的不足。当意识到自己需要改善时，就应当感谢客户的投诉。常见的客户投诉内容见表3-24。

表3-24 常见的客户投诉内容

产品投诉	服务投诉
对产品功能的投诉	对服务能力的投诉
对产品安全的投诉	对服务态度的投诉
对产品质量的投诉	对服务质量的投诉
对产品价格的投诉	对服务礼仪的投诉

▶ 二、客户投诉的处理流程

面对客户对产品质量方面的投诉，你能否妥善处理？面对客户的抱怨，你能否从容应对？接待前来投诉的客户无疑是对服务人员的一种挑战。要想做到既令客户满意而归，又不至于令自己太过紧张吃力，服务人员就必须掌握处理客户投诉的一些程序、方法及技巧。

客户投诉的处理流程见表3-25。

表3-25 客户投诉的处理流程

处理流程	处理方法
记录投诉问题	服务台工作人员在接到客户投诉后，应立即记录投诉要点，填写客户投诉记录卡（其内容应包括投诉人姓名、投诉地址、投诉时间、投诉对象、投诉内容及投诉要求等），以作为下一步解决问题的资料和原始依据。同时，这样做是向客户表明自己代表本部门所采取的郑重态度，即把客户的喜怒哀乐放在重要位置，以客户的利益为重。另外，客户为了配合服务台工作人员的记录，语速会不自觉地有所减慢，这样，无形之中就起到一个缓冲的作用
判定投诉性质	首先确定客户投诉的类别，然后判定客户投诉理由是否充分、要求是否合理。如果认为投诉不成立，应当面婉转地告知客户并说明理由
确定投诉责任	客户投诉成立后，应先进行投诉检测，根据客户的投诉内容确定具体的受理单位及受理负责人，并进行书面通知
及时处理投诉	参照客户投诉要求，提出解决投诉的具体方案。快速采取行动，补偿客户投诉损失。当客户完全同意所采取的改进措施时，要立即行动，一定不要拖延时间，因为耽误时间只能进一步引起客户不满。此时，时间和效率就是对客户的尊重，也是客户此时的需求，否则就会使客户有被漠视的感觉。把准备

表3-25（续）

处理流程	处理方法
及时处理投诉	采取的措施告诉客户，征求客户的意见。根据所发生事情的性质，迅速确定一个解决办法，并向客户说明解决方案，征询客户的意见，向客户如实说明解决问题所需花费的时间
存档投诉材料	将投诉的处理过程整理成材料并归类存档。同时，将此次投诉记入客户的档案，避免客户再次光临时发生类似的投诉事件。 对于客户来函、来电投诉，除了应注意上述处理要点，还应将调查结果、解决方法、争取客户的谅解、表达歉意等内容写成信函，并尽快回复客户

▶▶ 三、处理客户投诉的技巧

处理客户投诉的技巧见表3-26。

表3-26　处理客户投诉的技巧

技巧方式	具体方法
耐心听取客户的投诉	耐心听客户说什么，切忌打断客户。如果有不明白的地方，应该等客户说完后再询问。对客户来说，倾诉的过程是一个发泄不满和宣泄情绪的过程，因而倾诉过程中要有必要的回应。在此阶段，要有面对客户发火的思想准备，此时不要试图去制止客户发火，要让他发泄，因为客户在发泄的过程中心情会逐渐恢复平静；相反，如果客户宣泄的途径不通畅，只会让其更生气，可能会表现得很极端。在此过程中，工作人员须做到如下三点。 （1）主动询问：当客户表现出不满情绪或投诉时，工作人员应第一时间主动询问事情的前因后果。 （2）认真记录：在客户讲述事情原委的过程中，工作人员首先需要记录重点内容，并对客户的感受表示理解；然后对客户的话进行简要的总结，给出若干要点；最后记得一定要与客户确认理解得是否正确。 （3）提出问题：针对不理解、不明确的内容，及时提出问题，获知更多细节
表达对客户的尊重	倾听客户投诉时，要态度认真、尊重客户，这是第一要义。在倾听过程中传递出理解和尊重，也将营造一种理性的氛围，感染客户理性解决问题。在此过程中，工作人员须做到如下两点。 （1）表示同情：在沟通的过程中，当客户阐述具体问题时，应适时表达对客户遭遇的同情和理解。 （2）换位思考：站在客户的角度处理投诉

表3-26（续）

技巧方式	具体方法
把握客户的真正意图	化解客户投诉，需要了解客户投诉的真正意图，才可能对症下药，最终化解客户的投诉。在倾听的过程中，要了解客户所认为的真正问题是什么，客户这次投诉真正要达到的目的是什么。千万不要主观地认为客户是遇到了什么问题，也不要从客户的语言表面进行判断。要善于抓住客户的言外之意。在此过程中，工作人员需要注意如下两点。 （1）注意客户反复重复的话。客户或许出于某种原因试图掩饰自己的真实想法，但常常会在谈话中不自觉地表露出来。这种表露常常表现为反复重复某些话语。 （2）注意客户的建议和反问。留意客户投诉的一些细节，有助于把握客户的真实想法。客户的期望常会在他们建议和反问的语句中不自觉地表现出来
做好记录，归纳投诉信息	处理客户投诉的要点是弄清楚客户不满的来龙去脉，并仔细记录客户投诉的基本情况，包括记录投诉事实、投诉要求、投诉人的姓名和联络方式。同时，记录过程有双重功效：既能让客户感受到对其重视，可以起到安抚客户情绪的作用，又能通过记录、询问，将客户的注意力引向客观地描述和解决问题本身。在记录过程中，需注意以下八个方面的问题。 （1）发生了什么事情？ （2）何时发生的？ （3）投诉产品还是投诉服务？如果是投诉产品，投诉的产品是什么，价格是多少？如果投诉的是服务，对服务有哪些不满？ （4）当时的销售人员是谁？ （5）客户真正不满的原因是什么？ （6）客户希望达成的解决方案是什么？ （7）客户是否容易沟通，是否通情达理？ （8）客户是否为企业的老客户
提出解决方案	对于投诉问题，能够立即答复的，应马上给予答复，并征求客户的意见。如果需要进一步确认情况，那么应向客户说明，并与客户协商答复时间。注意：要预留出充足的时间，一定要在承诺答复的时间内联络客户，并给出答复。如果期限到了还不能给出答复，那么也一定要联系客户，以免失信于人。在此过程中，工作人员须做到以下三点。 （1）真诚致歉。如果确实是己方过错时，应立即向客户道歉；非己方过错时，切忌生硬地拒绝承担责任，而应礼貌告知缘由，并表示愿意协助客户解决问题。 （2）处理方案。针对客户的问题，应主动给出对应的解决方案，并询问客户是否接受；对于不确定是否能解决的问题，切勿轻易承诺。

表3-26（续）

技巧方式	具体方法
提出解决方案	在提出解决方案时，要注意由合适的人在合适的时间采取合适的话术进行沟通。 ①合适的人。客户在店期间，可由公司中高层上门致歉，以表示重视。 ②合适的时间。时间不宜过早或过晚，应错开客户休息时间。若客户不在，则可先通过便利条留言致歉。 ③合适的话术。在致歉前先表明身份，询问客户"投诉问题是否已经得到解决，您是否满意?"。若客户表示已解决时，则真诚致谢；若客户表示并未解决时，需要与客户进行下一步的沟通。 （3）询问满意度。对于给到客户的补偿，询问客户是否接受。如果客户不能接受，那么需进行下一步的协商
上报结果，做好同步	给客户满意的答复以后，投诉处理并未完成，一定要上报投诉处理情况。根据企业情况，以适当的方式和频率对一定周期的投诉及时上报，上报时可以进行必要的分类、分析，并同步到各个部门。这样，当其他部门的工作人员服务客户时，可以避免类似的情况再次发生。客户的反馈是企业宝贵的资源，因此投诉也是企业寻求改进的契机，甚至是企业的商机所在

【技巧小贴士】

技巧：处理客户投诉的经验技巧

1. 以诚相待，但不轻易承诺

处理客户投诉的基本态度是以诚相待，粗暴和怠慢只会激化矛盾、扩大问题。然而，以诚相待并不意味着必须满足客户的所有要求。处理客户投诉时，应以情动人、以礼待人，这样可以得到大多数客户的理解和配合。

2. 客观分析，但不轻易下结论

客户投诉的原因各不相同，因此必须以不同的方式对待，并用委婉的方式表达自己的观点，让客户感觉和大家是站在同一立场上分析与解决问题的。这样做可以为处理投诉打下良好的基础。

3. 适度灵活，但不失去原则

处理客户投诉时，既要坚持原则，又要有灵活性和机动性，以统一两者之间的矛盾。有些情况下，退换货物或赠送小礼品可能会造成一些经济损失，但在预算控制范围内的损失是可以接受的，因为这可以为长期赢得客户做出贡献。然而，过度的灵活可能会失去原则。

4. 分清主次，有针对性

处理投诉时，应该抓住重点，不要为了一些细枝末节的问题而争论不休。这样做不仅会偏离主题，而且会表现出缺乏冷静和不分主次的态度。正确的做法是耐心听取客户的投诉，抓住问题的关键，并采取有效的措施加以解决。在不清楚客户具体要求的情况下，不要妄加评论，不要把自己的概念和处理结果强加给客户，这样会让他们无所适从。作为现场管理人员，在日常接待客户投诉时，首先要学会聆听，这是成功沟通的前提。

【任务评价】

投诉处理任务评价标准见表3-27。

表3-27 投诉处理任务评价标准

评价任务		评价要点	分值	自评	互评	师评
学习态度评价	出勤	无迟到早退，无缺席	5			
	任务参与度	全程参与任务，态度积极、认真	10			
知识与技能评价	填写处理表格	（1）能够耐心听取客户的投诉内容。 （2）能够准确记录客户投诉的问题	10			
	识别投诉内容	（1）掌握客户投诉的类型。 （2）能将客户的投诉内容进行正确分类	15			
	划分投诉责任	能够根据投诉内容确定受理负责人	10			
	确定处理方法	（1）能够掌握客户投诉的处理方法。 （2）能够运用恰当的沟通技巧处理客户投诉	15			

表3-27（续）

评价任务		评价要点	分值	自评	互评	师评
知识与技能评价	存档投诉材料	能够按照要求整理材料，并归类存档	10			
	采访调查	能记录、分析他人对投诉处理的感受	10			
素质评价	团队协作精神	在执行任务过程中，与团队配合默契，积极承担责任，具有协作精神	5			
	服务意识	具有积极、热情、真诚的服务意识	5			
	精益求精	具有一丝不苟、精益求精的工匠精神	5			

项目四　谈判沟通

【项目导入】

　　某银行为了减少员工在工作方面的后顾之忧，经过工会决定，为每名员工提供大额医疗保险500元，总计5000万元。在此期间，该银行委托某经济保险有限公司崔某水经理进行此次招标事宜。经过商议和请示，崔某水经理设定了此次招标的三个硬性标准：首先，免赔额度要比去年低15%；其次，价格必须是所有竞争企业中最低；最后，必须有一套完整的服务体系和相关人员，且要在24小时内完成案件处理。

　　这次招标受到各大保险公司的重视。如果拿下此次竞标，意味着公司将有非常可观的收入。在当时的招标过程中，崔某水经理根据材料汇报和实地探查，筛选出某安保险公司、某地保险公司、某光保险公司三家公司参与竞标。在与某安保险公司的谈判过程中，关于标的金额的谈判非常吃力。

　　在与某安保险公司谈判的过程中，由于双方都不想放弃利益最大化，因此某安保险公司在开标前用离场作为要挟。随着结果的公布，某安保险公司失去了该银行的订单，导致相关业务部门被公司裁撤。

【整体介绍】

　　商务谈判是双方为了满足各自一定的需求，彼此进行交流、阐述意愿、磋商协议、协调关系、争取达到意见一致，从而赢得或维护经济利益的行为与过程。本项目导入中涉及的谈判是商务谈判的典型案例，从中可以对商务谈判的全过程进行分析。

【教学目标】

　　（1）能了解谈判的前期准备及不同阶段的主要任务。

　　（2）能理解商务谈判的步骤和基本策略。

　　（3）能根据实际情况，运用简单的商务谈判技巧进行商务谈判。

任务一　收集信息

【情景导入】

某安保险公司通过信息收集和判断，认为自己综合能力最强，是某经济保险公司的首选，因此在谈判初期，态度傲慢并提出一些无理要求。最后，某经济保险公司崔某水经理请示某银行的意见后，放弃了某安保险公司，转而选择其他公司。谈判失败的某安保险公司失去了某银行的市场，黯淡离场，导致谈判团队被裁撤。

某安保险公司在谈判前收集的信息和判断见表4-1。

表4-1　某安保险公司收集的信息和判断

收集信息		判断	结果
某地保险公司实力弱小	某安保险公司比某地保险公司有竞争优势	态度傲慢、提出无理要求	竞争失败
某光保险公司正面临高额诉讼，濒临破产	某安保险公司比某光保险公司有竞争优势		
某银行迫切需要本次合作，且倾向某安保险公司	某安保险公司对中标势在必得		

【任务思考】

某安保险公司谈判上的失败，在一定程度上受信息收集的影响。分析表4-1，思考某安保险公司收集的信息存在哪些问题，从而导致谈判失败。

【知识目标】

(1) 能够明确收集信息的内容、类型。

(2) 能够掌握收集信息的方法，并准确、全面地收集信息。

(3) 能够正确运用和筛选有效信息，从而辅助谈判。

【能力目标】

（1）能够甄别、判断信息的实用性。

（2）能够运用收集到的完整信息形成正确判断，从而确定谈判环节设计。

【素质目标】

（1）具备信息收集、整理的能力。

（2）明确信息收集的重要性，具备缜密、细致的材料整理能力。

【技能训练】

信息收集的内容及细节见表4-2。

表4-2 信息收集的内容及细节

一、训练准备	
情景模拟	将学生分成若干个小组，模拟本任务的情景导入。假设你是某安保险公司谈判团队的一员，你需要在谈判之前收集和整理哪些信息
二、训练过程	
训练步骤	详细描述
收集竞争对手信息	与某安保险公司竞争的两家公司分别是某地保险公司和某光保险公司。这两家公司的处境和运转情况，直接影响他们谈判目标的设定
收集谈判对手信息	某银行此次招标的真实需求是什么？有哪些关键点是不可退让的底线
归纳产品信息	针对某银行设定目标，明确我方对提供的归纳产品信息的具体目标，如市场调研、竞品分析、用户评价机制、某银行的行为研究等，形成有说服力的报告
收集主谈人员信息	了解谈判团队及竞争对手团队主谈人员的谈判风格及性格特点
了解中国的环境信息	对中国各地区的政治、法律、财政金融、社会文化、商业习惯等进行调查研究，以免造成理解偏差
进行信息整理	对收集到的信息进行整理，筛选有效信息，形成数据分析报告，辅助谈判

表4-2（续）

训练步骤	详细描述
有效利用信息	根据形成的信息分析报告，设置谈判任务和谈判目标，把握谈判进程，出其不意，完成谈判
三、训练方法	
（1）教师将班级学生平均分成若干个小组，并进行分组讨论。 （2）学生进行角色扮演，模拟训练	
四、训练心得（成功、不足、改进措施）	
五、训练评价	

【知识平台】

《孙子兵法》云："知己知彼，百战不殆。"商务谈判也是如此，要想抢占先机，最重要的是掌握完备的信息。因此，商务谈判准备阶段要完成的第一件工作就是做好信息准备，收集准确全面的谈判信息。信息收集的主要内容有以下两点。

▶ 一、谈判对手信息

（一）对方公司的营运状况和资信情况

要尽可能确认对方公司的性质、历史、规模，可以要求对方提供相关资信材料，如经营许可证、纳税证明、注册证明、进口商证等。

在尽可能掌握对方的公司性质、资金状况及注册资金等有关资料的情况下，还应侧重了解两个问题：一是对方的营运状况，因为即使对方是一个注册资本很大的公司，但如果营运状况不好，也可能负债累累，而公司一旦破产，己方很可能收不回全部债权；二是对方的履约信用情况，应对交易对象在资格信誉等方面进行深入细致的了解，避免客户不能履约，防止货款两空，而造成严重的经济损失。应坚持在不掌握对方信用情况、不熟知对手底细或有关问题未搞清楚的情况下，不举行任何形式的商务谈判。

（二）对方公司产品的信息

要全面收集对方公司产品与其他同类产品在性能、质量、标准、规格等方面的优缺点；该产品是否占有专利技术；生产公司的技术力量、设备优势、工人素质；公司关于销售该类产品提供的配套服务；该公司开发该产品的费用、开发的前景；是否有国际、国家权威部门或机构给予鉴定。

（三）对方公司产品的市场信息

对方公司产品的市场信息包括对方公司产品的信誉度、产品的国内外市场分布信息、公司近年来产品的销售情况、今后的发展趋势等。市场信息是商务谈判可行性研究的重要内容。

市场信息来源主要有以下五种途径。

（1）市场人员的市场调查及客户的反馈是信息来源的首要途径。收集市场信息是市场人员或销售人员的主要职责，但市场人员的学识、经验在很大程度上左右了其获取信息的真实性及有效性，因此需要提供相应的培训，并使信息收集表格化，尽量不赋予其分析判断的职能，产品信息及渠道信息多半是由市场人员获取的。

（2）相关报刊、杂志、电视报道。专业的报刊、杂志等公共媒体能够最大限度地提供行业内的有效信息，而且由于其接触层面高，更多的是对策略及战略信息的传播，多半是宣传性的公共信息，不涉及商业机密。

（3）权威部门的信息披露。国家主管部门及行业组织披露的信息主要是行业规划、政策约束及相关发展前景展望和数据公布。

（4）互联网发布。新兴媒体的作用不可小觑，而且时效性强，但互联网信息泛滥，因此要对其真实性进行印证和甄别。

（5）业内人士的发言及传播、交流。这里更多的是指私下的传播和交流，由于业内人士了解内情，信息往往比较真实，但要防止因个人好恶而产生的信息歪曲。

（四）对方公司的真正需求

首先应尽可能地缩小与对方公司之间的距离感，只有拉近彼此的距离，才有可能产生亲密的沟通，才有可能使对方公司对我们产生信任。如果对方公司对我们持有怀疑的态度，那么我们就无法了解对方公司的真正需求和所思所想。同时，在与对方公司进行深入接触和了解的过程中，我们一定要善于表达对于整个行业的深度了解，当在不经意间戳中对方痛点，把对方所纠结、所顾虑的问题把握住时，对方就会对我们的专业知识储备更加信服，也更愿意把他们的疑虑告知我们。这样我们不仅能够更好地把握对方公司的需求，也能够更好地把握销售过程的节奏。总而言之，在与对方公司的交流和商务谈判过程中发现对方公司真正的需求，是销售顺利进行的必经之路。

（五）对方主谈人员的信息

虽然谈判是在公司之间进行的，代表着公司的利益，但具体的谈判是由谈判者进行的。每名谈判者都有自己独特的个性、气质、兴趣和经历，以及不同的态度与思维方式。谈判前不仅需要详细了解对方公司的信用和市场情况，还需要详细了解对方公司的谈判者。在某些情况下，了解对方公司谈判者的地位与了解对方公司的信誉同等重要。一般来说，一个人的优势是他最熟悉、最容易理解的领域。如果你能在谈判中从对方公司谈判者的优势开始与他们交谈，那么他们就会有话题，也很容易交谈，并接受你的观点。谈判可以从对方最感兴趣的领域开始，通过打开对方的"对话框"，为正式介入话题创造良好的条件，使谈判的目的更容易达到。

▶ 二、环境信息

除了要收集以上谈判对手的信息，在进行商务谈判前，还需要掌握相关的环境信息。环境信息包括以下六个方面。

（一）政治环境

政治环境关系到谈判项目的成立和谈判协议履行的结果。因此，必须了解政治制度及政府的政策倾向，特别是要了解国家政局、政策的稳定性，由此判断政策风险的大小。

（二）法律制度环境

了解法律制度环境主要是了解与商贸谈判活动有关的法规。除了要熟知我国现有的法律，还要认真了解相关国际法规，如《联合国国际货物销售合同公约》《联合国国际贸易法委员会仲裁规则》等。

（三）商业习惯

商业习惯在国际贸易谈判中显得尤为重要。几乎每个国家乃至地区的商业习惯都有自己的特色，甚至相互差别很大，如果不切实了解对方的商业习惯，容易误入陷阱，或者使谈判破裂。

（四）社会文化环境

社会文化主要包括文化教育、生活方式和社会习俗等。和外国商人谈判，要特别注意对其社会习俗的了解，这样不仅可以避免不必要的冲突和误会，而且可以更快更好地理解对方的谈判行为，促使谈判成功。

（五）财政金融环境

在商务谈判中，财政金融环境是指与商务谈判有直接关系的财政、金融等经济方面的环境。在商务谈判中，我们经常要对对方提供的财政金融环境进行考察和分析。

在商务活动中，我们需要对方提供必要的财务、金融方面的信息和资料，以便了解对方有关财政、金融方面的情况，以及判断决策等方面是否可行。

一般来说，我们要对对方提供的情况进行分析和判断：如果我们认为对方提供的情况可行，那么就可以利用他们来帮助我们实现所需；如果我们认为对方提供的情况不可行，那么就可以拒绝他们或对他们提出质疑。

（六）宗教环境

谈判双方应尽可能避免在宗教信仰上存在分歧和冲突。例如，在谈判桌上，谈判双方如果对对方的宗教信仰有异议，应避免当着对方的面争论或通过第三者转达，而应将问题放到正式谈判场合下去讨论解决。

此外，在国际商务活动中，谈判双方如果对对方宗教信仰有异议，应该通过正式渠道与对方进行沟通，而不应私下以私人方式进行沟通。在国际商务活动中，如果谈判双方的宗教信仰与谈判主题无关或与谈判本身没有直接关系，那么谈判双方可以通过其他渠道沟通。例如，可以通过外交途径直接与对方的高级官员或外交代表进行沟通；也可以通过其他渠道间接地与对方进行沟通。在商务活动中，谈判双方可以根据自己所信奉的宗教或所进行的活动，选择一些与其信仰接近、容易沟通的宗教人士作为自己的谈判对象。另外，由于各国宗教信仰不同，因此在某些问题上存在着不同意见是很正常的事情。但是，我们应以平等、宽容和互相尊重为基础，努力协调各种宗教、文化间差异和冲突产生的矛盾，加强各民族之间和国家之间的团结。

【技巧小贴士】

技巧：谈判信息收集小技巧

1. 网络收集

网络是信息最丰富的地方之一，我们可以通过搜索引擎、社交媒体、行业网站等途径，获取大量的信息。例如，我们可以通过搜索引擎搜索对方公司的资料，了解其公司规模、业务范围、财务状况等信息；通过社交媒体了解对方公司的文化、员工情况等信息；通过行业网站了解对方公司在行业内的地位、竞争对手等信息。

2. 人脉收集

人脉是谈判中非常重要的资源，我们可以通过自己的人脉关系，了解对方公司的内部情况。例如，我们可以通过朋友、同事等了解对方公司的管理层、决策者等信息；通过行业协会、商会等组织了解对方公司在行业内的地位、业务情况等信息。

3. 实地收集

实地收集是指通过实地考察、观察等方式，了解对方公司的情况。例如，我们可以通过参观对方公司的工厂、办公室等场所，了解其生产能力、设备状况、员工素质等信息；通过参加对方公司的展会、活动等，了解其产品、市场情况等信息。

4. 文件收集

文件收集是指通过对方公司的文件、报告等资料，了解其公司情况。例如，我们可以通过对方公司的年报、财务报表等文件，了解其财务状况、经营情况等信息；通过对方公司的产品手册、宣传资料等，了解其产品特点、市场定位等信息。

【任务评价】

信息收集任务评价标准见表4-3。

表4-3 信息收集任务评价标准

评价任务		评价要点	分值	自评	互评	师评
学习态度评价	出勤	无迟到早退，无缺席	5			
	任务参与度	全程参与任务，态度积极、认真	10			
知识与技能评价	明确收集信息的内容	（1）能够在谈判之前准确地梳理出应收集的谈判对手的信息。（2）能够了解需要掌握的环境信息	20			
	掌握收集信息的方法	（1）能够了解网络收集、人脉收集、实地收集、文件收集等收集信息的方法。（2）能够使用信息收集方法完成信息收集	15			
	进行信息整理	能够筛选有效信息，进行信息整理，形成信息报告	15			
	形成判断，辅助谈判	能够通过收集到的信息，辅助设计谈判目标及策略，从而使谈判事半功倍	20			
素质评价	团队协作精神	在执行任务过程中，与团队配合默契，积极承担责任，具有协作精神	5			
	服务意识	具有积极、热情、真诚的服务意识	5			
	精益求精	具有一丝不苟、精益求精的工匠精神	5			

任务二　设置目标

【情景导入】

　　某安保险公司在谈判之初开出每人480元人民币的谈判目标。这一谈判目标的设定是基于收集到的信息而综合设置的，且目标设置完成后没有妥协、绝不让步。在最终谈判时，因目标过高而无法实现，导致谈判失败。

【任务思考】

　　某安保险公司谈判的失败引起我们深思：在谈判过程中，如何正确设置谈判目标？某安保险公司的目标设置出现了哪些问题？应该如何调整？

【知识目标】

　　（1）能够明确谈判目标设置的流程和方法。
　　（2）能够学会如何明确自己的利益和需求。
　　（3）能够学会如何了解对方的利益和需求。
　　（4）能够学会弹性设置目标的三个层次。
　　（5）掌握目标设置过程中要具备的特点和要求。

【能力目标】

　　（1）能够明确判断及梳理自己与对方的利益和需求。
　　（2）能够学会分层次设置谈判目标。
　　（3）能够对设置的目标进行多维检验。

【素质目标】

　　（1）具备抓住问题核心和关键的能力。
　　（2）具备目标取舍、权衡的能力。

【技能训练】

设置目标的内容及细节见表4-4。

表4-4 设置目标的内容及细节

一、训练准备	
情景模拟	将学生分成若干个小组，模拟本任务的情景导入。假设你是某安保险公司谈判团队的一员，你会如何设置谈判目标
二、训练过程	
训练步骤	详细描述
列出自己想要达成的目标	小组成员应该明确本次谈判自身公司所要达成的目标有哪些
确定每个目标的重要性	对已经列出的目标进行重要性排序，即哪些是非常重要的，哪些是次重要的，哪些是不那么重要的
确定每个目标的优先级	根据每个目标的重要性，可以确定每个目标的优先级。这样，就可以将更多的资源和力量集中到优先级较高的目标
研究对方	要研究谈判对手的组织架构和真正需求，这样才能抓住要害和问题的核心
与对方交流	交流是获取信息的重要方式之一，通过与对方的交流，判断对方的谈判习惯，从而在设置谈判目标时进行阶段目标划分和设置
了解对方的利益和需求	在研究对方及与对方交流后，梳理出对方真正的利益关注点和需求，切中要害
弹性设置谈判目标	根据自己及对方不同的利益和需求弹性设置谈判目标，可将谈判目标分为最低目标、期望目标和最高目标
进行目标可行性分析	目标的设置要明确、具体、可量化、切实可行，这就需要小组成员进行目标的可行性分析，评估自身资源、能力和市场条件，以及对方的要求和可能的反应
三、训练方法	
（1）教师将班级学生平均分成若干个小组，并进行分组讨论。 （2）学生进行角色扮演，模拟训练	

表4-4（续）

四、训练心得（成功、不足、改进措施）
五、训练评价

【知识平台】

　　谈判目标是指谈判要达成的具体目标，它一般用于指明谈判方向和要达到的目的。谈判目标的设定是保证谈判成功的基础。要充分达到企业设置的谈判目标并不容易，它要求谈判者在谈判之前认真做好市场调查和分析，充分了解对方的实力、资金、技术水平、管理能力，以及产品质量、成本结构、服务水平等各方面情况；谈判时要注重自身的实力和地位，采取合适的策略；要注重研究对方的需求，以合理满足对方要求。只有这样，才能达成预期的谈判目标。

▶ 一、谈判目标的设置

　　谈判目标的设置具有以下流程和方法。

（一）明确自己的利益和需求

　　在进行任何一次谈判之前，首先需要明确自己的利益和需求。这些利益和需求既可以是经济上的，也可以是非经济上的。例如，在商业谈判中，可能希望获得更好的价格或更有利的合同条款；在政治谈判中，可能希望获得更多权力或更好的国际地位。

　　可以通过以下三个步骤来明确自己的利益和需求。

1. 列出想要达成的目标

　　首先要列出自己想要达成的目标。这些目标应该与自己所处的领域相关，并且能够满足自身或组织的需要。

2. 确定每个目标的重要性

确定每个目标的重要性是非常关键的。这样可以帮助自己确定哪些目标是必须达成的，哪些目标是可以让步的。

3. 确定每个目标的优先级

在确定每个目标的重要性之后，需要为每个目标确定优先级。这样可以帮助自己在谈判中更好地分配资源和精力。

（二）了解对方的利益和需求

除了明确自己的利益和需求，还需要了解对方的利益和需求。这样可以更好地理解对方的立场，并且更好地制订谈判策略。

可以通过以下两个步骤来了解对方的利益和需求。

1. 分析对方

在进行谈判之前，需要分析对方。这包括分析他们所处的行业、组织结构、经济状况等信息。此外，需要了解对方参与过的类似谈判，并且分析他们在过去谈判中所采取的策略和立场。

2. 与对方交流

与对方交流是了解他们利益和需求的另一种方式。通过与对方交流，可以更好地理解他们所关注的问题，并且更好地把握他们的态度及立场。

（三）制定谈判目标

当明确了己方的利益和需求，并且了解了对方的利益和需求之后，需要制定谈判目标。谈判目标应该基于己方的目的及对方的利益和需求，以便在谈判中取得更好的结果。

在确定谈判目标时要有弹性，一般目标设置可以分为三个层次。

1. 设置最低目标

在制定谈判目标之前，需要确定己方的最低限度。最低限度是指所能接受的最差结果，这也是人们常说的最低目标。最低目标既是通常所说的底线，也是谈判方必定要达成的目标，如果达不成，一般会放弃谈判。最低目标是谈判方的机密，要严防泄密。最低目标可以在谈判中保护己方的利益，并且避免达成不利协议。

2. 设置期望目标

期望目标一般又称为可接受目标，是谈判人员根据各种主客观因素，经过科学论证、预测和核算之后所确定的谈判目标。这一目标是经过综合权衡的目标，代表的是己方可以努力争取或做出让步的范围。期望目标不宜过早暴露，否则容易陷入被动。

3. 设置最高目标

最高目标是谈判者最希望达成的理想目标，可以给己方带来最大化的利益。一般在谈判概说阶段，谈判双方表述的都是己方最高目标。

▶ 二、制定谈判目标的特点和要求

在谈判目标的制定中，要具备以下特点和要求。

（一）目标明确

在商务谈判前，明确目标非常重要。需要明确己方的谈判目的和利益，清楚地定义己方希望在谈判中实现的结果。

（二）切实可行

确保所设定的目标是切实可行的，应考虑到各种因素，包括对方的利益和利益冲突，以及市场条件等，目标应该合理和可实现。

（三）具体可量化

谈判目标最好是具体和可量化的。通过明确的指标和量化的目标，可以更好地评估谈判的成果，并与之后的实际结果进行比较。

（四）优先级排序

为不同的目标设置优先级。在谈判中，可能会面临一系列目标，一些目标可能比其他目标更重要。通过设置优先级，可以更好地协调和管理目标。

(五) 弹性和妥协

在设定目标时，要有一定的弹性和考虑妥协的余地。商务谈判通常涉及双方的让步和妥协，因此灵活度是必要的，务必在设定目标时考虑到这一点。

(六) 可行性分析

在设定目标之前，进行可行性分析是必要的。评估自身资源、能力和市场条件，以及对方的要求及可能产生的反应，可以帮助确保目标的可实现性。

科学地确立谈判目标是谈判取得对己方最有利结果的关键，谈判目标一旦确定，就会成为谈判过程中一切行动的依据。

总结以上知识点，商务谈判目标的制定需要明确、切实可行、具体可量化、有优先级排序、具备弹性和妥协的余地。通过可行性分析评估，以确保达到预期的谈判结果。

【技巧小贴士】

明确的目标，是指谈判双方在谈判过程中必须共同明确的、不可改变的谈判目标。确定谈判目标时，要遵循以下原则。

(1) 以商业利益为中心，即根据对方提出的条件来确定谈判的具体目标。

(2) 在商务谈判中，最重要的目标是实现商业利益。

(3) 目标要明确具体，使对方容易理解、接受。

(4) 应将谈判的总目标分解为若干个具体的小目标。

(5) 在谈判过程中，不能轻易改变谈判目标。

(6) 要在制定合同条款时，就双方都认可的条款达成一致意见。

【任务评价】

设置目标任务评价标准见表4-5。

表4-5　设置目标任务评价标准

评价任务		评价要点	分值	自评	互评	师评
学习态度评价	出勤	无迟到早退，无缺席	5			
	任务参与度	全程参与任务，态度积极、认真	10			
知识与技能评价	明确自己的利益和需求	（1）能够列出自己想要达成的目标。（2）能够明确每个目标的重要性。（3）能够确定每个目标的优先级	15			
	明确对方的利益和需求	（1）能够分析对方。（2）能够通过与对方交流，明确对方真正的利益需求	15			
	能够设置谈判目标	能够弹性设置谈判目标，根据己方和对方真正的利益和需求设置谈判的最低目标、期望目标和最高目标	20			
	能够对目标进行可行性分析	能够保证谈判目标明确、切实可行，确保谈判目标的设置具体可量化，并能通过评估自身资源、能力和市场条件，以及对方的要求和可能产生的反应等形成可行性分析报告	20			
素质评价	抓住核心的能力	在执行任务过程中，当对己方和对方利益需求进行梳理时，需要学生具备注重问题核心和重点的能力	5			
	取舍、权衡的能力	弹性设置目标时，需要学生具备取舍和权衡的大局意识	10			

任务三　组建团队

【情景导入】

影响一场谈判是否成功的因素很多，其中组建团队是一个比较关键的因素。由于某安保险公司谈判团队组建得不够科学，使得谈判策略存在问题，从而痛失某银行的巨额订单。因此，谈判失败后，某安保险公司将此次谈判人员全部开除。

【任务思考】

思考一支优秀的谈判团队需要具有哪些特征？谈判团队应该由哪些人员构成？他们的工作职责分别是什么？

【知识目标】

（1）能够明确优秀的谈判团队应具备的特征。

（2）能够明确谈判团队的人员构成。

（3）能够明确谈判团队中每名谈判人员的工作职责。

【能力目标】

（1）能够判断出优秀的谈判团队。

（2）能够设置谈判团队的人员。

（3）能够对谈判人员进行职责划分。

（4）能够综合运用所学，组建一支高效、优秀的谈判团队。

【素质目标】

（1）具备职责划分和人员分配的能力。

（2）具备沟通协调的能力。

（3）具备集体合作、团结的能力和意识。

【技能训练】

组建团队的内容及细节见表4-6。

表4-6　组建团队的内容及细节

一、训练准备	
情景模拟	假设你要组建一支高效、优秀的谈判团队，你会如何操作，并做哪些准备
二、训练过程	
训练步骤	详细描述
确定谈判人员构成	根据谈判项目内容，判断谈判团队所需专业知识，从而进行谈判人员选定。谈判人员应能力互补、知识互补。例如，与本国公司谈判，就无须设置翻译人员等
规范每名谈判人员的工作职责	确定谈判人员后，对他们进行分工，明确每个人的工作职责。例如，分配法律人员、商务人员、专业人员各自负责的谈判部分等
建立团队有效沟通机制	首席谈判代表的设置要得到团队人员的认可，并且在整个团队建立起有效的沟通、协调机制，从而提高谈判效率
三、训练方法	
（1）教师将班级学生平均分成若干个小组，并进行分组讨论。 （2）学生进行角色扮演，模拟训练	
四、训练心得（成功、不足、改进措施）	
五、训练评价	

【知识平台】

一场大型谈判往往不是一个人能够承担的，而是需要整个团队的力量。因此，在商务谈判前期，组建优秀的谈判团队是十分重要的。优秀的谈判团队一般要具备以下三个特征。

第一，能做到知识互补、能力互补。商务谈判涉及综合性知识，谈判团队中人员需具备综合性能力。谈判团队中人员的知识结构、能力特长等方面应互补，以保证谈判人员都拥有各自专长，最终增强谈判团队的整体优势。

第二，有统一的目标、明确的分工。谈判团人员对于需要达成的目标有统一、清晰的认识，谈判团队有明确的总负责人及决策机制。谈判团队中，各谈判人员之间的分工、职责明确，并且每个人都能在自己的职责范围内高效地做好应承担的工作。

第三，能进行有效沟通。谈判团队在集体研讨谈判方案及谈判过程中私下讨论时，应赋予谈判人员表达自己意见和建议的权利，发挥集体的智慧与能量，做到有效沟通，从而更好地为整个谈判服务。

在了解优秀谈判团队应具备的特征后，下面具体介绍谈判团队的人员构成与工作职责。谈判团队的人员应该具备如下专业知识：第一，谈判方面的知识，如谈判礼仪、技巧；第二，技术方面的知识；第三，商务方面的知识，如产品价格、交货条件、支付条件；第四，法律方面的知识，如关于合同签订及违约的责任规定；第五，语言翻译方面的知识。因此，谈判团队应配备如下谈判人员：首席谈判代表或谈判专家、技术精湛的专业人员、业务熟练的商务人员、精通相关法律知识的法律人员、熟悉业务的翻译人员、记录人员。谈判团队的人员构成如图4-1所示。

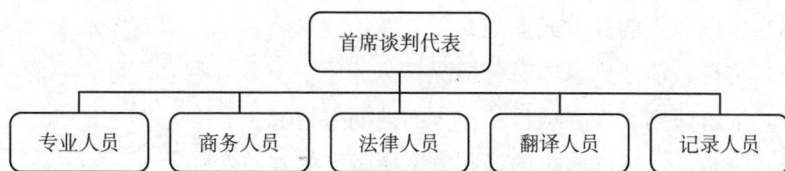

图4-1　谈判团队的人员构成示意图

▷ 一、首席谈判代表

首席谈判代表通常指在谈判中负有领导和组织责任的高级谈判者。其主要工作职责如下：

(1) 监督谈判程序；

(2) 掌握谈判进程；

(3) 听取专业人员的建议和说明；

(4) 协调谈判人员的意见；

(5) 决定谈判过程中的重要事项；

(6) 代表单位签约；

(7) 汇报谈判工作。

二、专业人员

专业人员是谈判团队的主要成员之一，负责了解和掌握科学决策过程，能为科学决策提出合理建议。其主要工作职责如下：

(1) 同对方进行专业细节方面的磋商；

(2) 草拟及修改谈判文书的有关条款；

(3) 向首席谈判代表提出解决专业问题的建议；

(4) 为最后决策提供专业方面的论证。

三、商务人员

商务人员又称经纪人员，是谈判团队的主要成员之一。其主要工作职责如下：

(1) 明确己方参加谈判的愿望和条件；

(2) 弄清对方的意图和条件；

(3) 找出双方的分歧或差距；

(4) 掌握该项谈判总体财务情况；

(5) 了解谈判对手在项目利益方面的期望指标；

(6) 分析、计算修改中的谈判方案所带来的收益变动；

(7) 为首席谈判代表提供财务方面的意见和建议；

(8) 在正式签约前，提供合同或协议的财务分析表。

四、法律人员

法律人员通常指有着良好的法律基础，掌握丰富的法律知识，熟悉经济法、合同法等相关法律的谈判人员。其主要工作职责如下：

(1) 确认对方经济组织的法人地位；

(2) 监督谈判在法律许可范围内进行；

(3) 检查法律文件的准确性和完整性。

▶ 五、翻译人员

翻译人员在谈判团队中占有特殊的地位，是谈判双方进行沟通的桥梁。其主要工作职责如下：

(1) 语言沟通；

(2) 改善谈判气氛；

(3) 增进谈判双方的了解、合作和友谊。

▶ 六、记录人员

记录人员在谈判时必不可少，一份完整的谈判记录既是重要的资料，也是进一步谈判的依据。其主要工作职责是准确、完整、及时地记录谈判内容。

【技巧小贴士】

技巧一：个人谈判的优势与劣势

1. 个人谈判的优势

首先，个人谈判者可以根据谈判桌上的形势变化及对手的反应及时做出正确判断，可以不失时机地捕捉稍纵即逝的机会。和集体谈判相比，个人谈判者不必担心必须对某一观点在内部取得一致意见。在集体谈判过程中，如果意见不一致，可能需要经过长时间的讨论，才能做出决策，这样难免会贻误最佳的谈判时机。其次，个人谈判者不用担心对方集中攻击成员中较弱的一员，或者试图挑拨己方谈判人员之间的矛盾，而坐收渔翁之利。最后，个人谈判者独立承担责任，谈判的效率比较高。

2. 个人谈判的劣势

由于个人谈判由一人独立完成，因此个人谈判者通常担负着多方面的工作，如果考虑不全面，可能会影响谈判结果。此外，现代商务谈判往往比较复杂，涉及的领域较广，需要谈判者具备商业、贸易、营销、金融、运输、保险、法律、税务等方面的知识，需要收集的信息也非常庞杂，以个人有限的精力、知识面和能力，恐怕难以胜任。因此，个人谈判适用于谈判项目比较简单的情况。

技巧二：集体谈判的优势与劣势

1. 集体谈判的优势

集体谈判可以满足谈判中对多领域、多专业的知识需要，谈判人员之间在知识结构上可以实现互补。同时，集体谈判可以充分发挥集体智慧，促使谈判人员分工协作、集思广益、群策群力，借助优势互补形成合力，共同为取得谈判的成功而努力。

2. 集体谈判的劣势

若参与谈判的人数太多，则在某些问题上存在分歧和矛盾的可能性就会增加，从而导致协调的难度增大，使谈判效率降低。

【任务评价】

组建团队任务评价标准见表4-7。

表4-7　组建团队任务评价标准

评价任务		评价要点	分值	自评	互评	师评
学习态度评价	出勤	无迟到早退，无缺席	5			
	任务参与度	全程参与任务，态度积极、认真	10			
知识与技能评价	能够判断出优秀的谈判团队	能够根据优秀谈判团队应具备的特征，对谈判团队的人员设置和沟通机制等进行判断，并提出修改建议	15			
	能够设置谈判团队的人员	能够根据谈判所需专业知识及能力互补、知识互补原则，设置谈判团队的人员构成	15			

表4-7（续）

	评价任务	评价要点	分值	自评	互评	师评
知识与技能评价	能够对谈判人员进行职责划分	能够根据不同的谈判人员进行工作分配，明确各自职责，以效率最大化为原则设置工作范畴	20			
	能够综合运用所学，组建一支高效、优秀的谈判团队	能够通过所学，利用相关知识，组建一支高效的谈判团队，从而辅助实现谈判目标	20			
素质评价	具备职责划分和人员分配的能力	在组建谈判团队的过程中，学生具备职责划分和人员分配的能力	5			
	具备沟通协调的能力	在谈判团队的组建和合作过程中，学生具备沟通协调的能力	5			
	具备集体合作、团结的能力和意识	在谈判过程中，学生具备集体合作、团结的能力和意识	5			

任务四　开局与交锋阶段

【情景导入】

在某银行为员工提供大额医疗保险的招标谈判中，某光保险公司的谈判团队以服务要挟，在谈判开局阶段态度就十分强硬；而某安保险公司，自认为稳操胜券，因此在价格方面不做一点让步，在谈判交锋阶段提出高价服务费。这是这两家公司与某银行谈判失败的原因。

【任务思考】

　　某光保险公司与某安保险公司在谈判的开局与交锋阶段没有运用合适的策略和技巧。某光保险公司在谈判的开局阶段态度非常强硬，没有打下良好的谈判基础；而某安保险公司的报价过高，超出合理范围，缺少谈判诚意，导致谈判失败。那么，谈判的开局阶段与交锋阶段的主要任务是什么？应如何报价？有哪些策略和技巧？

【知识目标】

　　（1）能够明确谈判开局阶段的定义和基本任务。
　　（2）能够掌握谈判开局阶段的四种策略。
　　（3）能够掌握谈判开局阶段的技巧。
　　（4）能够明确谈判交锋阶段报价的原则。
　　（5）掌握讨价还价的步骤和方法。
　　（6）掌握谈判交锋阶段的策略和手段。

【能力目标】

　　（1）能够分析确定谈判开局阶段的任务目标。
　　（2）能够在不同的情景中，运用合适的开局阶段的策略和方法。
　　（3）能够遵照交锋阶段的报价原则确定报价范围。
　　（4）能够运用讨价还价的步骤和方法。
　　（5）能够在不同的情景中，合理运用交锋阶段的策略和手段。

【素质目标】

　　（1）具备逻辑思维能力。
　　（2）具备语言表达能力。
　　（3）具备随机应变能力。

【技能训练】

　　开局与交锋阶段的内容及细节见表4-8。

表4-8 开局与交锋阶段的内容及细节

一、训练准备	
情景模拟	将学生分成若干个小组，模拟本任务情景导入。假设你是某光保险公司或某安保险公司谈判团队中的一员，你会如何开展谈判过程
二、训练过程	
训练步骤	详细描述
确定开局阶段的基本任务	就大的方面和范围陈述己方的观点和立场，并仔细听对方的陈述，找到谈判的关键和核心，寻求谈判双方的共同利益
确定开局策略	确定开局阶段的基本任务后，根据双方短暂的接触，确定应采用何种态度和手段进行谈判。这里要考虑谈判双方的实力对比及历史关系，选择恰当的开局策略
运用开局阶段技巧	确定开局阶段的任务和策略后，运用合适的开局技巧，如先声夺人、后发制人等
确定报价范围	根据报价原则，确定自己作为买方或卖方应给出的报价，报价要合情合理，不能漫天要价
与对方讨价还价	根据对方的报价，寻找弱点，进行还价，并制订备选方案
运用交锋阶段的策略和手段	在交锋阶段的讨价还价过程中，要根据谈判双方不同的优势，运用不同的策略和手段，以达成己方利益最大化的目标
三、训练方法	
（1）教师将班级学生平均分成若干个小组，并进行分组讨论。 （2）学生进行角色扮演，模拟训练	
四、训练心得（成功、不足、改进措施）	
五、训练评价	

【知识平台】

▶▶ 一、开局阶段

在商务谈判过程中，开局阶段特别重要。开局阶段是指谈判双方在谈判开始时，相互介绍、寒暄，互相认识、彼此熟悉的过程。良好的开局可以营造一个比较轻松的谈判环境。在开局阶段，谈判人员需要塑造良好的个人形象，给对方留下专业、严谨、有礼、有节的印象。在谈判过程中，这样的对手是值得尊重和重视的。当谈判双方寒暄时，要注意话题，不要谈论容易引发争论或使他人反感的话题。

在开局阶段，主要包括以下三项基本任务。

（1）说明己方的观点、立场。在陈述己方观点时，要采取"横向铺陈"的方法，而不是深入谈某一个方面的问题。

（2）听取对方的陈述，理解对方陈述的内容，明确对方陈述中的关键问题。

（3）发出倡议，要求双方为寻求共同利益、达成谈判做出努力。

在开局阶段，谈判双方采用何种态度和手段开始谈判，被称为开局的策略。在商务谈判中，根据己方的谈判目标和谈判双方的实力对比，选择恰当的开局策略，可以帮助己方迅速进入谈判状态，抢占开局阶段的有利地位。

（一）开局策略

开局阶段的策略有协商式、坦诚式、慎重式、进攻式四种。

1. 协商式开局策略

协商式开局策略是指谈判双方为了使对方对己方产生好感，营造互相尊重、想法一致性的氛围，从而使谈判双方在友好、愉快的气氛中展开谈判工作。

协商式开局策略适用于双方实力比较接近、双方过去没有商务往来、第一次接触的谈判。谈判双方通常使用礼节性语言，选择中性话题，本着尊重对方的态度进行不卑不亢的谈判。

2. 坦诚式开局策略

坦诚式开局策略是指以开诚布公的方式，向谈判对手陈述自己的观点或想法，从而为谈判打开局面。

坦诚式开局策略适用于双方过去有过商务往来，且互相比较了解、关系很好，或者己方实力不如对方的谈判。谈判双方通常能够真诚、热情地畅谈双方过去的友好合作关系，坦率地陈述己方的观点及对对方的期望，并坦率地表明己方存在的弱点。

3. 慎重式开局策略

慎重式开局策略是指以严谨、凝重的语言进行陈述，表达出对谈判的高度重视和鲜明态度，目的在于使对方放弃某些不适当的意图，以达到把握谈判的目的。

慎重式开局策略适用于谈判双方过去有过商务往来，但对方有过不太令人满意的表现的谈判。这时，己方要对过去对方的不妥之处表示遗憾，并希望通过本次合作能够改变这种状况；不急于拉近关系，用礼貌性的提问来考察对方的态度、想法。

4. 进攻式开局策略

进攻式开局策略是指通过语言或行为来表达己方强硬的姿态，从而获得谈判对手必要的尊重，并借以制造心理优势，使谈判顺利进行。

进攻式开局策略适用于谈判时发现谈判对手居高临下，有以势压人、不尊重己方的倾向。但是采用进攻式开局策略时，既要注意需有理、有利、有节地切中问题要害，又不能咄咄逼人，一旦对方态度好转，要适时改变策略。

（二）开局技巧

在开局阶段，谈判人员需要掌握一些开局技巧，以便在此阶段取得优势。在不同的情景下，谈判人员需选用不同的开局技巧。常用的开局技巧有热情款待对方、先声夺人、后发制人等。

1. 热情款待对方

如果是作为谈判的东道主，在对方到来之时，一定要做好热情的接待，这不仅能让对方感受到己方对谈判及对他们的重视，还能给对方留下己方专业、有礼的形象。

2. 先声夺人

在谈判开局，首先发言，率先表明己方对待此次谈判的坚定态度、原则和立场；并通过演示、介绍等手段，渲染己方的优势和实力，旁敲侧击地指出对方的弱势和不足，从而削弱对方的气势，先声夺人，掌握谈判的主动权。

3. 后发制人

在谈判开局，仅就己方的观点、立场做简要概括，将重点放在仔细听对方发言上，记录和推敲对方的发言，从而挖取对方的更多信息与漏洞。掌握对手的谈判风格和水平后，再通过大量的提问寻找对方的破绽和弱点，形成针对性对策，迫使对方让步。

▶▶ 二、交锋阶段

谈判顺利开局后，就进入交锋阶段。交锋阶段也是讨价还价的阶段。讨价，是在一方报价后，另一方认为其报价距离己方的期望目标太远，而向报价方提出重新报价或改善报价的要求；还价，是指谈判的一方根据对方的报价，主动或应对方要求提出己方的价格条件。这一阶段是谈判双方站在自己的立场为争取己方利益最大化而努力的过程，这时双方已进入实质性较量。

（一）报价原则

1. 开盘价为最高或最低价

对于卖方来说，开盘价必须是最高价；与此相反，对于买方来说，开盘价必须是最低价。这是报价的首要原则。

2. 开盘价必须合情合理

开盘价要报得高一些，但绝不能毫无道理、毫无控制地漫天要价，恰恰相反，报价高的同时必须合乎情理，必须能够讲得通。如果报价过高又讲不出道理，对方必然认为己方缺少谈判的诚意，可能被逼无奈而中止谈判；或者以其人之道还治其人之身，也漫天要价；或者——提出质疑，而己方无法解释，其结果只好是被迫无条件让步。因此，开盘价过高将会有损于谈判。

3. 报价应该坚定、明确、完整，且不加任何解释说明

报价时，态度要坚决、果断、毫无保留、毫不犹豫。这样做能够给对方留下己方是认真而诚实的好印象。要记住，任何欲言又止、吞吞吐吐的行为，不仅会造成对方产生不良感受，而且会产生不信任感。报价要明确、清晰和完整，以便对方能够准确了解己方的期望。报价的内容通常包括价格、交货条件、支付手段、质量标准和其他内容。报价时，要把所有要件一一讲清楚。

（二）讨价还价的方法

在交锋阶段，即讨价还价的过程中，需要一定的步骤和方法。

（1）将对方的报价分解，找到讨价的突破口，如指出对方报价中"水分"较多的部分，迫使对方修改报价。

（2）按照谈判方案中的最高目标还价。

（3）制订备选方案，若碰到一方坚持原有立场毫不退让，另一方要有备选的变通方案，搭建"台阶"继续谈判。

（4）最后通牒。在讨价还价过程中，还价方往往会使用最后通牒策略，即最后给对方一个出价或期限，否则将终止谈判。

（三）交锋阶段的策略

在交锋阶段，要掌握一定的策略和手段，才能出奇制胜。

1. 投石问路策略

投石问路策略是指在谈判中通过不断地询问，尽可能多地掌握对方信息，了解对方情况，从而在谈判中取得有利地位。掌握对方尽可能多的信息后，就可以将对方的报价分解，找到讨价的突破口。

2. 声东击西策略

声东击西策略是指为更有效地打击对方，首先营造一种从某一面进攻的假象，借以迷惑对方，然后攻击其另一面。使用此策略的目的往往是掩盖真实的企图。只有在对手毫无准备的情况下，才容易实现目标。声东击西策略也可以理解为乘虚而入。

3. 欲擒故纵策略

欲擒故纵策略，即对于志在必得的交易谈判，故意通过各种措施，让对方感到己方对此次谈判不太在意，从而压制对手的报价，确保己方在预想条件下成交。

4. 沉默是金策略

与其错误地回应对方的报价，不如守株待兔、静观其变。在沉默中，对方可能会因为紧张而对自己的报价进行修改，让报价变得更易于接受，或者干脆发出愿意做出更大让步的信号。

【技巧小贴士】

在谈判时，身体语言在一定程度上能反映出说话者内心的真实想法。因此，谈判人员要善于观察对方的行为举止，领会其传达的心理状态，从而掌握对方的真实信息或意图，为谈判目标的达成打下良好基础。

常见的身体语言与其所传达的信息有如下九种：

(1) 直接目光接触——友善、真诚、自信；

(2) 目光闪烁、回避——紧张、害怕、逃避、无关紧要、被动；

(3) 摇头——不同意、不相信；

(4) 拍肩（背）——鼓励、祝贺、安慰；

(5) 挠（抓）头——迷惑、不相信；

(6) 微笑——满意、明白、理解、鼓励；

(7) 落座后不断更换、交叠双腿——厌烦、焦虑、烦躁、担心；

(8) 身体前后摆动——紧张、有疑问；

(9) 双手相交——紧张、害怕、担忧。

【任务评价】

开局与交锋阶段任务评价标准见表4-9。

表4-9　开局与交锋阶段任务评价标准

评价任务		评价要点	分值	自评	互评	师评
学习态度评价	出勤	无迟到早退，无缺席	5			
	任务参与度	全程参与任务，态度积极、认真	10			
知识与技能评价	能够确定开局阶段的基本任务	(1) 明确开局阶段的定义。 (2) 能够根据开局阶段的特点确定开局阶段的任务	10			
	明确开局阶段的策略	(1) 明确开局阶段的四种策略。	15			

表4-9（续）

评价任务		评价要点	分值	自评	互评	师评
知识与技能评价	明确开局阶段的策略	（2）能够根据己方的谈判目标和谈判双方的实力对比，选择合适的开局策略				
	能够运用开局阶段的技巧	（1）能够明确开局阶段的技巧。 （2）能够在不同的情景下，运用合适的谈判技巧	10			
	能够在交锋阶段合理报价	（1）掌握报价的原则。 （2）运用原则确定报价范围，合理报价	10			
	能够运用方法讨价还价	（1）掌握讨价还价的步骤和方法。 （2）在谈判中，运用相应的方法进行讨价还价	10			
	能够运用交锋阶段的策略手段	（1）掌握交锋阶段的策略手段。 （2）根据不同的情景与目标选择及运用交锋阶段的策略和手段	15			
素质评价	逻辑思维能力	在确定开局任务、策略和运用技巧，以及交锋的报价、讨价还价和策略手段时，学生具备逻辑思维能力，能够选取最合适的方法和手段	5			
	语言表达能力	在谈判过程中，学生具备一定的语言表达能力，并且能将知识应用到实训实践过程	10			

任务五　妥协与成交阶段

【情景导入】

某银行在面对某光保险公司以服务要挟及某安保险公司的高价服务费时，没有一味妥协，而是将目标转向其他公司。通过充分地谈判、协商、交锋与妥协，最终某地保险公司成功中标。某地保险公司为某银行提供优质服务，某银行为其提供了广阔的市场，最终形成双方互利互惠、合作共赢的局面。

【任务思考】

从某银行与某光保险公司及某安保险公司谈判失败的案例中，可知妥协在谈判过程中的重要性。谈判双方在妥协阶段要把握怎样的方式方法，才能促使谈判成功？某银行最后与某地保险公司达成合作，又是发挥了怎样的智慧？

【知识目标】

（1）能够明确谈判妥协让步的原则和要求。
（2）能够学会化解谈判僵局的策略和方法。
（3）能够在谈判成交后，完成签订备忘录和协议等工作的安排。

【能力目标】

（1）能够运用让步的原则和要求对谈判内容进行适当妥协。
（2）能够在适当的时机选择正确的化解谈判僵局的策略。
（3）能够完成谈判之后的成交工作部署。

【素质目标】

（1）具备综合运用选取妥协技巧的能力。
（2）具备根据不同情景采取合适策略的应变能力。

【技能训练】

妥协与成交阶段的内容及细节见表4-10。

表4-10 妥协与成交阶段的内容及细节

一、训练准备	
情景模拟	将学生分成若干个小组，模拟本任务的情景导入。不同小组成员模拟不同的竞标公司。假设你作为A竞标公司的谈判人员，在谈判妥协阶段该如何做，才能促使谈判成交
二、训练过程	
训练步骤	详细描述
列出全局核心利益和局部利益	谈判人员应该明确本次谈判自己公司的全局利益是什么。竞标公司参与竞标的核心利益是为了获得某银行市场，某银行的核心利益是获得优质服务。这是双方进行谈判的核心利益，其他局部利益可以适当为核心利益让步，而核心利益是谈判的底线
不做单方面妥协	在对一定的问题做出妥协后，也应要求对方针对某些问题做出让步
确定妥协的幅度、节奏与时机	虽然妥协是谈判的诚意，但是需要确定好妥协的幅度，不能无底线地妥协。同时，要把握好妥协的节奏与时机，在关键时刻适当妥协会对整个谈判起到良好的促进作用
制订谈判备选方案	当谈判陷入僵局时，可以拿出备选方案来化解僵局，确保谈判顺利进行
谈判成交，签订协议	谈判经过交锋和妥协，达成一致意见后，可签订协议，宣告谈判结束。注意要做好文本核对等相关工作
三、训练方法	
（1）教师班级学生平均分成若干个小组，并进行分组讨论。 （2）学生进行角色扮演，模拟训练	
四、训练心得（成功、不足、改进措施）	

表4-10（续）

五、训练评价

【知识平台】

▶ 一、妥协阶段

交锋结束后，谈判进入妥协阶段。妥协阶段要求双方互相让步，寻求一致，从而达成合作。这是谈判双方能达成有效协议应采取的策略。这要求谈判双方要明确己方所追求的最终目标，以及为达成该目标可以或愿意做出哪些让步。让步的实质是谈判人员通过主动满足对方某些需要的方式来换取己方某些需求。

（一）妥协原则

妥协要有原则和要求，具体可分为以下五点。

1. 牺牲局部利益，保证全局利益

谈判人员在妥协让步前一定要弄清哪些问题是可以让步的，哪些问题是绝对不能让步的。要明确让步的出发点是牺牲局部利益，保证全局利益。

2. 不做单方面的妥协，坚持让步的同步性

在谈判过程中，让步是表现诚意的方式和信号，但绝不能做单方面的让步。己方要用自己的让步换取对方在某些问题上相应的让步。

3. 确定妥协的幅度与节奏

一般妥协让步的幅度不宜过大。大幅度的让步会给对方一种坚持一下还能获得更多让步的心理暗示。在让步的项目选择上，应该在一些次要的问题上进行让步。

4. 不要承诺做出与对方同等幅度的让步

当对方做出让步时，一般己方也会做出一定的让步，但不一定需要做出同等让步。这是因为谈判是一项综合性的商务活动，双方即使让步的幅度相当，由此得到的利益也不一定对等。

5. 选择妥协的时机

在谈判中，不能轻易向对方让步，一定要经过充分的协商后，再选择是否让步。当双方僵持了一段时间后，再做出适当让步，会让对方觉得这种让步难能可贵，体现出让步的价值。

（二）化解谈判僵局的策略

在让步的过程中，如果双方所谈问题涉及的利益需求差距较大，那么会出现双方都不肯让步的情况。这种情况会导致双方因暂时不可调和的矛盾形成对峙，使谈判呈现出不进不退的局面，此时称为谈判僵局。若这种僵局处理不好，会破坏谈判的合作气氛，浪费谈判时间，甚至伤害双方的感情，最终使谈判破裂。

化解僵局能够促使谈判成交。化解僵局的策略可分为如下五种。

1. 回避分歧，转移议题

当双方对某一议题产生严重分歧且都不愿意让步而陷入僵局时，一味地争辩解决不了问题，可以先回避有分歧的议题，换一个新的议题与对方谈判。这样做有两点好处：一是可以争取时间先进行其他问题的谈判，避免因长时间的争辩而耽误宝贵的时间；二是当其他议题经过谈判达成一致以后，对谈判产生正面影响，再回过头来谈陷入僵局的议题时，谈判气氛会有所好转，谈判人员的思路也会变得开阔，解决问题可能会比之前更容易。

2. 尊重客观，关注利益

谈判双方各自坚持己方的立场观点，双方主观认识的差异使谈判陷入僵局。处于激烈争辩中的谈判人员容易脱离客观实际，忽略大家的共同利益。因此，当谈判陷入僵局时，要克服主观偏见，从尊重客观的角度看问题，关注企业的整体利益和长远目标，而不要一味追求论辩的胜负。谈判双方应静下心来面对客观事实，为实现双方共同利益而设法打破僵局。

3. 多种方案，选择替代

如果谈判双方仅仅采用一种方案进行谈判，当这种方案不能被双方同时接受时，就会形成僵局。实际上，谈判中往往存在多种满足双方利益的方案。在谈判准备期间，就应该准备多种可供选择的方案。一种方案遇到障碍，可以提供其他的备用方案供对方选择，使"山重水复疑无路"的困难局面转变成"柳暗花明又一村"的大好形势。

4. 尊重对方，有效退让

当谈判双方因各持己见、互不相让而陷入僵局时，谈判人员应清楚谈判的目的是达成协议，实现双方共同利益，如果促使合作成功所带来的利益大于固守己方立场导致谈判破裂带来的结局，那么适当退让就是聪明有效的做法。

5. 以硬碰硬，据理力争

当对方提出不合理条件，故意制造僵局，给己方施加压力时，特别是在一些原则性问题上表现得蛮横无理时，己方要以坚决的态度据理力争。因为，这时如果做出损害原则的退让和妥协，不仅会损害己方利益和尊严，而且会助长对方的嚣张气焰。因此，己方要明确表示拒绝接受对方的不合理要求，揭露对方故意制造僵局的不友好行为，使对方收敛蛮横无理的态度，自动放弃不合理的要求，否则己方情愿接受谈判破裂的结局。

需要注意的是，当谈判陷入僵局又没有其他方法解决时，该策略是最后一个可供选择的策略，不能贸然采用该策略。

▶ 二、成交阶段

在经过激烈的交锋阶段和妥协阶段后，谈判进入成交阶段。在这一阶段，谈判各方达成一致意见，签订协议，谈判宣告结束。

在谈判结束之后，双方应指派专人按照达成的协议做好文本的定稿、翻译、校对、印刷、装订、盖章等工作。文本一旦签署即具备法律效力，因此，要慎重严肃地做好待签文本的准备工作，不可马虎。

【技巧小贴士】

商务谈判的终结方式

从商务谈判的规律来看，无论以何种标准判定谈判终结，其方式或形式只有三种：成交、谈判中止、谈判破裂。

1. 成交

成交，即谈判双方达成协议，交易得到实现。成交的前提是双方对交易条件经过多次磋商达成共识，对全部或绝大部分问题没有实质上的分歧。成交方式是双方签订具有高度约束力和可操作性的协议书，为双方的商务交易活动提供操作原则和方式。

2. 谈判中止

谈判中止，即双方因某种原因未能达成全部或部分成交协议，由双方约定或单方要求暂时终结正在进行的谈判。

3. 谈判破裂

谈判破裂，即双方经过最后的努力仍然无法达成协议，或友好而别，或愤然而去，从而结束谈判。谈判破裂是谈判中不可避免的现象。从某种意义上讲，谈判的破裂次数比成交次数更多，尤其是市场上同类商品丰富或同类用户踊跃时，谈判更为艰难。不过，明智的谈判人员在失败时力求将损失降低到最小程度。

【任务评价】

妥协与成交阶段任务评价标准见表4-11。

表4-11　妥协与成交阶段任务评价标准

评价任务		评价要点	分值	自评	互评	师评
学习态度评价	出勤	无迟到早退，无缺席	5			
	任务参与度	全程参与任务，态度积极、认真	10			
知识与技能评价	能列出谈判核心利益和局部利益	能做到将全局利益作为谈判的底线，其他局部利益适当为核心利益让步	10			

表4-11（续）

	评价任务	评价要点	分值	自评	互评	师评
知识与技能评价	能确定妥协的幅度、节奏，把握妥协时机	能根据谈判的节奏确定妥协的时机和幅度，从而使谈判顺利进行	10			
	明确妥协让步的原则和要求	能够明确让步的五点原则和要求，并在谈判过程中合理应用	20			
	能掌握化解谈判僵局的策略	熟悉化解谈判僵局的策略，并在僵局产生时，能根据具体情况选择合适的策略	20			
	能在谈判成交后做好签订协议相关工作	在谈判达成一致意见后，能够做好文本核对等工作，并签订协议	10			
素质评价	具备综合统筹的能力	在谈判过程中，学生能够综合运用及选取妥协技巧	5			
	具备应变能力	在谈判过程，学生能根据不同情景采取合适策略	10			

项目五　媒体沟通

【项目导入】

　　×××食品集团有限公司，主营业务为食品，全国有2000余家经销商，批发网点超过6万个。该公司多个品牌的食品知名度极高，成为国民零食。小夏大学毕业后，入职该公司的公关部，成为一名公关拓展助理。小夏的日常工作是制作媒体简报、收集媒体信息、接待到访媒体，并且协助媒介专员和公关经理处理与媒体接洽事务、策划实施公关活动及市场推广活动、撰写新闻稿件，还要维护公司社交媒体平台上的公众账号。

　　小夏的上司杨经理经常说："我们部门就是公司的'宣传部''外交部'，大家都要做好公司的'外交官'，做好与媒体打交道的工作。正确引导社会舆论，就是给公司做的最好的广告。"

【整体介绍】

　　对于一家企业来说，除了要保证产品和服务质量，如何与新闻媒体保持良好的沟通逐渐成为企业软实力、保持企业竞争优势的重要因素。在媒介化的今天，谁会利用媒体为自己服务，谁就能赢得舆论的主动权。因此，作为一名公关人员，更应该尊重新闻传播规律，提高同媒体打交道的能力，积极主动地与媒体做好沟通工作。与媒体相关的工作主要有维护媒体关系、邀约媒体采访、新闻发布、接待记者采访和应对紧急事件等。

【教学目标】

　　（1）掌握媒体约访工作的流程及要点。
　　（2）掌握媒体会访工作的流程及要点。
　　（3）能够应对媒体电访、截访等突发媒体沟通。
　　（4）能够应对紧急事件的媒体沟通。

任务一　媒体约访沟通

【情景导入】

　　最近，×××食品集团有限公司的饮料生产线正式开始生产，这标志着饮料将逐步发展成该公司同食品并进的另一重要支柱产业。为给新产品预热，杨经理决定先邀请相熟的媒体记者针对新的生产线进行采访，并发布新闻。他将与媒体接洽、沟通，以及安排采访相关事宜的任务交给了小夏。

　　如果你是小夏，该如何完成这项任务？

【任务思考】

　　（1）邀请媒体采访的步骤有哪些？

　　（2）与媒体沟通时，需要注意哪些问题？

　　（3）采访完成后，还需要做什么？

【知识目标】

　　（1）了解媒体的类型和特点。

　　（2）了解与媒体沟通的重要性。

　　（3）掌握媒体约访的工作流程。

　　（4）掌握媒体采访邀请函的主要内容。

　　（5）掌握媒体接待和服务的要点。

【能力目标】

　　（1）能够依据不同宣传目的，准确选择邀请的目标媒体。

　　（2）能够准确撰写采访邀请函。

　　（3）能够经过多次沟通，高质量筹备媒体采访。

　　（4）能够热情接待和服务媒体。

　　（5）能够跟进新闻报道，以实现采访的最终目标。

【素质目标】

（1）具备精益求精、一丝不苟的工作态度。

（2）具备热情、真诚的服务精神。

【技能训练】

媒体约访沟通内容及细节见表5-1。

表5-1　媒体约访沟通内容及细节

一、训练任务	
情景模拟	将班级学生分成若干个小组，每个小组选出记者1名、接受采访者1名、负责协调沟通的工作人员2名，进行模拟演练
二、训练过程	
训练步骤	详细描述
确定目标媒体	最好选择与企业或品牌相关的媒体，或者平时与企业关系较好的媒体，这样，可以更好地传达企业的信息
发送采访邀请	在给目标媒体发送的邀请函中，需要包括采访的主题、时间和地点等详细信息。同时，要简要介绍企业的业务或品牌，以便媒体了解更多与企业相关的信息
确认采访时间和地点	一旦媒体表达了采访兴趣，就需要与媒体确认采访时间和地点。在确认函中，可以再次强调采访的主题和要点，以便媒体更好地准备采访
确认采访提纲	在采访前，要与媒体和接受采访者进行多次沟通，确认最终采访提纲
准备相关材料和资源	确认采访提纲后，依据提纲，准备好相关材料或资源，如宣传资料、产品介绍、相关数据和图表等。这些材料和资源可以帮助媒体更好地了解企业的业务和品牌，从而更好地进行宣传报道
媒体接待和服务	要做到热情接待、有礼有节，让媒体感受到企业的真诚和热情，同时要做到不卑不亢。在采访期间，需要提供必要的支持和服务，如提供饮料及必要的设备等。如果采访需要翻译，那么应提前安排好翻译人员。通常在采访期间也会安排速记人员，这样在采访结束后，可以将速记稿同步给媒体，方便媒体人员快速撰写稿件

表5-1（续）

训练步骤	详细描述
接受媒体采访	接受采访时，应从语言、行为、态度、举止、穿着打扮等各个方面树立良好的形象，给媒体以信任感和安全感；要认识一定的新闻传播规律，善于运用新闻语言
跟进新闻报道	采访结束后，要及时跟进报道发布的情况。可以提供可能需要的其他资料和资源。如果采访中涉及专业术语和具体数据，要与媒体进行精准的确认，因此经常保持沟通是写好报道的前提
三、训练方法	

（1）通过小组讨论，确定本次任务中应该选择约访的媒体。

（2）每个小组通过讨论，形成一封媒体邀请函。

（3）每个小组的协调沟通者负责与记者进行时间和地点的最终确认。

（4）每个小组的协调沟通者与记者沟通，确定详细的采访提纲。

（5）各小组依据采访提纲，准备采访所需资料（包括产品介绍、相关数据图表等）。

（6）各小组模拟演练接待记者、陪同采访的全过程

（7）各小组模拟演练接受媒体记者采访。

（8）各小组要积极与媒体沟通，跟进采访报道的撰写情况，积极提供相关材料

四、训练心得（成功、不足、改进措施）

五、训练评价

【知识平台】

一、媒体的类型

媒体是指传播信息的工具，它可以分为传统媒体和新媒体两种。

（一）传统媒体

报纸是最传统的新闻媒体之一，它以纸质媒介为主要形式，通过印刷、发行等方式传播新闻信息。报纸的特点是传播速度较慢，但是信息量大、深度广，可以提供更为详尽的报道和分析。报纸的读者群体相对稳定，主要是中老年人和一些专业人士。随着互联网的发展，报纸的影响力逐渐下降，但报纸仍然是重要的新闻媒体之一。

电视是一种通过电波传播的视听媒介，它以图像和声音的形式传播新闻信息。电视的特点是传播速度快、视觉效果好，可以直观地呈现新闻事件。电视的受众群体广泛，包括各个年龄段和社会阶层的人群。电视新闻的缺点是报道内容相对简略，深度不够，容易受到政治和商业利益的影响。

广播是一种通过无线电波传播的声音媒介，它以声音的形式传播新闻信息。广播的特点是传播范围广，可以覆盖较广的地区，传播速度也比较快。广播的受众群体相对窄，主要是驾车人士、家庭主妇等特定人群。广播新闻的优点是可以提供更为深入的报道和分析；缺点是受传播方式的限制，无法呈现图像和视频。

（二）新媒体

新媒体是一种通过互联网传播的信息媒介，它以用户生成的内容为主要形式，包括微博、微信、Meta 等。新媒体的特点是传播速度极快、信息量大，可以提供实时的新闻报道和评论。新媒体的受众群体广泛，包括各个年龄段和社会阶层的人群。新媒体新闻的优点是可以提供更为深入的报道和分析，缺点是存在虚假信息、低俗内容等问题。

传统媒体和新媒体各有优势，可以满足个人和企业各种不同的需求。

▶ 二、企业加强与媒体沟通的重要性

随着信息技术的发展和互联网的普及，媒体的影响力日益增强，成为企业推广产品、展示形象、传递价值观的重要途径。而企业加强与媒体的沟通，不仅有助于提升企业的知名度和品牌价值，还能够有效应对各种风险和挑战，为企业的可持续发展提供更加坚实的保障。

（一）加强与媒体的沟通能够提升企业的知名度和品牌价值

媒体是传递信息的主要渠道，能够帮助企业更加有效地推广产品和服务。企业可以通过发布新闻稿、参与媒体采访、举办活动等方式，让更多的人了解企业的业务和产品，提高企业的知名度和品牌价值。

例如，一些知名企业通过与媒体的合作，成功地传递了自己的品牌形象和文化价值。当前，许多企业在推出新产品时，通常会通过媒体发布新闻稿和举行发布会，吸引大量媒体和消费者的关注，从而提升品牌的知名度和影响力。

（二）加强与媒体的沟通能够有效应对各种风险及挑战

随着市场竞争的加剧和消费者环保意识的增强，各种风险和挑战也不断涌现。企业需要及时应对这些风险及挑战，避免损害企业形象和品牌价值。而加强与媒体的沟通，可以让企业更加及时地了解市场信息与消费者的反馈，及时调整业务策略和产品规划，避免或减少风险及挑战对企业的影响。

例如，当一些企业面临环保问题时，通过加强与媒体的沟通，及时公布企业的环保政策和举措，表达企业的社会责任感，可以增强消费者的信任和支持。另外，当一些企业面临质量问题时，及时公开问题，并主动向公众道歉和赔偿，可以增强企业的公信力和品牌价值。

（三）加强与媒体的沟通能够为企业的可持续发展提供更加坚实的保障

企业的可持续发展需要良好的企业文化、产品质量和社会责任感的支撑。而加强与媒体的沟通，可以为企业的可持续发展提供更加坚实的保障。通过与媒体的合作，企业可以更加清晰地传递企业文化和价值观，获得消费者的认可和支持。同时，企业可以通过与媒体的沟通，增强自身的社会责任感和公信力，为企业的可持续发展提供更加坚实的保障。

例如，一些企业通过与媒体合作，传递自己的环保理念及社会责任感，以及回馈社会和消费者的理念。另外，一些企业还通过与媒体沟通，宣传企业文化和创新理念，增强市场竞争力和品牌价值。

加强与媒体的沟通，在现代企业发展中具有重要的作用。通过与媒体的合作，企业可以更加有效地推广产品和服务，提升企业的知名度和品牌价值；同时，企业可以通过与媒体的沟通，应对各种风险和挑战，为企业的发展提供更加坚实的保障。因此，企业应该认识到与媒体沟通的必要性，并不断加强与媒体的合作，携手构建一个良好的企业形象和品牌价值。

》》 三、企业与媒体沟通的态度

企业和媒体之间的沟通是非常重要的，既可以为企业树立正确的形象，还可以传递企业的信息和声誉。为了确保沟通顺畅，企业必须采取正确的态度。

（一）坦诚和透明

企业与媒体之间的沟通必须建立在坦诚和透明的基础上。无论何时，企业都应诚实回答媒体的提问，并且不隐瞒事实。这可以确保媒体能够获得准确的信息，同时为企业塑造一个坦诚和透明的形象。

（二）建立合作关系

企业应与媒体建立积极的合作关系，以确保企业可以将其消息发送给消费者，并保持消费者对企业的积极关注。这对企业来说非常重要，因为企业需要与消费者建立信任关系，同时向消费者传递正面信息。

（三）尊重媒体

企业必须明晰媒体的权力和责任，并在任何时候都保持礼貌和尊重。这将确保企业和媒体之间的沟通能始终保持积极和正面，而不是潜在的敌对关系。

（四）明确目的

当企业和媒体进行沟通时，明确目的是非常重要的。企业必须清楚自己想传达的信息和目标，以便向媒体提供有建设性的数据和传递声誉，并确保传递的信息一致与准确。

（五）及时响应

企业应尽可能及时地回复媒体。在当今的新闻业中，信息传播速度非常重要，企业应该努力确保媒体可以在短时间内得到回复。这将确保媒体可以得到他们所需要的信息。

总之，建立企业与媒体之间的积极的沟通关系，可以使企业在市场中保持竞争优势。这必须始终建立在坦诚、透明、合作和尊重的基础上，并明确目的、及时响应。

【技巧小贴士】

技巧：针对企业新产品，接受记者采访的技巧

在市场竞争越发激烈的当下，一款好的产品是企业赢得市场的关键。而新产品的推出必然会吸引记者的关注，从而被采访。公司如何顺利、有效地接受记者采访，成为新产品宣传不可或缺的技巧。

第一，了解记者。在接受采访前，对采访的记者进行调查是很重要的。可以了解记者的采访偏好、职业背景、媒体定位等，这些都有助于为采访做好准备。

第二，明确信息。在接受采访时，要有明确的信息答复，以确保记者能够得到他们想要的答案。同时，应为新产品准备一个简短、醒目的介绍，以突出产品的卖点。

第三，控制情绪。在接受采访时，应保持冷静、自信和尊重。即使记者提出不适合答复的问题，也应当保持冷静回答，"我不确定""我会核实后回复您"等回答都可以使用。

第四，精练表达。在与记者交流时，应清楚明了地表达，用具体而有力的语言回答问题，避免空泛的回答和模棱两可的语言。这样能让记者更快地与受访者建立信任关系。

第五，掌控时间。新产品的采访可能需要很长时间，因此需要合理安排时间。不要让沟通时间过长，如果需要较长时间，采访可以分成段落进行分别回答，营造比较舒适的采访氛围，让记者有足够的时间来提问。

总之，针对新产品接受记者采访无疑是品牌宣传中重要的一环，企业需要对每次采访都精心准备，塑造完整、清晰和积极的形象。

【任务评价】

媒体约访沟通任务评价标准见表5-2。

表5-2 媒体约访沟通任务评价标准

评价任务		评价要点	分值	自评	互评	师评
学习态度评价	出勤	无迟到早退,无缺席	5			
	任务参与度	全程参与任务,态度积极、认真	10			
知识与技能评价	确定目标媒体	(1)能够根据公司自身特点和宣传目的选择恰当的媒体进行约访。(2)能够了解采访记者的采访偏好、职业背景、媒体定位等信息	10			
	发送采访邀请	(1)能够与目标媒体接洽,并发出采访邀请函。(2)能够撰写采访邀请函	10			
	确认采访时间和地点	能够通过多次沟通,与采访记者和本公司接受采访者确定时间和地点	10			
	确认采访提纲	能够通过多次沟通,与采访记者和本公司接受采访者确认采访提纲	10			
	准备相关材料和资源	能够根据采访提纲,准备相关材料和资源	5			
	媒体接待和服务	(1)能够积极热情地接待媒体,并全程陪同。(2)能够在采访期间,提供贴心、全面的服务	10			
	接受媒体采访	能够大致掌握接受媒体记者采访的技巧	10			
	跟进新闻报道	在采访结束后,能够主动跟进新闻稿撰写和发布的相关工作,为媒体提供后续支持	5			

表5-2（续）

评价任务		评价要点	分值	自评	互评	师评
素质评价	团队协作精神	在执行任务过程中，与团队配合默契，积极承担责任，具有协作精神	5			
	服务意识	具有积极、热情、真诚的服务意识	5			
	精益求精	具有一丝不苟、精益求精的工匠精神	5			

任务二　媒体会访沟通

【情景导入】

　　×××食品集团有限公司的新产品×××水果味气泡水系列饮料产品即将投入市场，该系列产品作为该公司的重要产品，受到公司营销部门的重视。因此，该公司不仅邀请了知名度很高的体育明星作为该系列产品的产品代言人，还决定针对新产品专门召开一次新闻发布会，为新品造势。这对于小夏所在的公关部而言是一项重要工作，小夏和她的主管负责新闻发布会全程与媒体的对接和沟通工作。

　　如果你是小夏，该如何完成这项任务？

【任务思考】

　　（1）新闻发布会的流程有哪些？

　　（2）召开新闻发布会要准备哪些材料？

　　（3）新闻发布会中与媒体沟通要注意什么？

【知识目标】

　　（1）了解新闻发布会的工作流程。

（2）掌握新闻发布会媒体邀请函的写法。

（3）掌握新闻发布会回答媒体提问的技巧。

（4）掌握媒体接待和服务的要点。

【能力目标】

（1）能够策划新闻发布会的主要环节。

（2）能够准确撰写新闻发布会媒体邀请函。

（3）能够在新闻发布会上与媒体高效沟通。

（4）能够热情接待和服务媒体。

（5）能够监控媒体发布情况，整理发布会材料。

【素质目标】

（1）具备全局思考的大局意识。

（2）具备热情、真诚的服务精神。

【技能训练】

媒体会访沟通的内容及细节见表5-3。

表5-3 媒体会访沟通的内容及细节

一、训练任务	
情景模拟	将学生分成若干个小组，每个小组选出记者若干名、主持人1名、新闻发言人2名，进行新闻发布会的模拟演练
二、训练过程	
训练步骤	详细描述
确定新闻发布会的时间、地点和主题	确定新闻发布会时间时，既要注意与自身希望发布新闻的日期相配合，以促进对外宣传、挖掘新闻点，又要注意新闻效应，避免与重大新闻事件重合。发布会时间一般要在发布会前20~30天确定，并且要在邀请函发布前预订好会场，否则会影响下一步工作
确定参与人员	参与发布会的人员分为组织方人员和被邀请人员。组织方人员一般包括公司领导、主持人、其他工作人员等，被邀请人员一般包括领导、客户、同行和媒体记者

表5-3（续）

训练步骤	详细描述
编写媒体邀请函并分发	媒体邀请函应包含新闻发布会的时间、地点、主题、联系人、联系方式等主要内容。
	要认真回收媒体回复的确认信息，制定详细的参会人员名单，以便于下一步安排。确保重要人员不因自身失误而缺席。可以与领导沟通，适当增加邀请名单，确保发布会参与的人数和质量
新闻通稿及相关材料准备	提供给媒体的材料一般用广告手提袋或文件袋装好，并提前发放给媒体，包括会议议程、新闻通稿、演讲发言稿、公司宣传册、相关图片、纪念品及公司负责媒体沟通的负责人名片等。 新闻通稿可以选择消息稿、通讯稿、背景材料、重要发言稿和公司宣传图册等，一般以书面形式提供
新闻发布会现场控制	发布会现场控制是体现协调人应变能力的重要一环。在回答记者提问环节，一般由一名主答人负责回答，必要时由他人辅助回答。一般情况下，发布会前要准备好记者答问备忘提纲，且事先与媒体沟通并取得一致意见。在发布会召开过程中，对于记者的提问应认真作答，复杂的问题可以邀请其会后探讨。 要与主持人进行充分的沟通，控制好发布会的气氛
监控媒体发布情况，评测发布效果	监控受邀媒体新闻发布及新闻阅读量、点赞量、转发量等情况，收集与会者反馈信息，评测新闻发布会效果
整理发布会材料	整理发布会音像资料、收集简报，制作发布会成果资料（包括来宾名单、联系方式、各媒体报道资料集、发布会总结报告等），可在此基础上制作宣传资料，作为公司资料留存
三、训练方法	

（1）各小组讨论，并确定发布会的时间、地点和主题。

（2）各小组讨论，并确定发布会的参与人员。

（3）各小组编写媒体邀请函，并确定参会人员名单。

（4）各小组讨论形成新闻通稿，并准备好发布会媒体材料袋。

（5）各小组通过讨论确定答问提纲，并模拟发布会记者问题。

（6）监控媒体发布新闻情况及反馈信息。

（7）整理发布会资料

表5-3（续）

四、训练心得（成功、不足、改进措施）
五、训练评价

【知识平台】

▶ 一、新闻发布会

新闻发布会是官方或组织机构举行的活动，旨在向媒体和公众传达重要信息。它是公共关系和媒体沟通的重要工具之一。

新闻发布会可以根据目的和性质的不同进行分类。以下是四种常见的发布会类型。

（一）政府发布会

由政府官员或政府机构组织召开，目的是向媒体和公众传达政府政策、决策和重大事件的信息。政府发布会通常与国家或地区的关键问题和政治议题有关，如领导人会晤、紧急状况或重大政策变动。

（二）企业发布会

企业发布会由企业组织召开，目的是宣布企业的战略、业务发展、产品发布或其他重要信息。企业发布会通常有企业高层管理人员、行业专家和媒体代表的参与，以增加企业的曝光度，提升品牌形象。

（三）社会组织发布会

社会组织发布会由非政府组织（NGO）、非营利机构、慈善机构或其他社会组织组织召开，旨在宣传组织的使命、项目和重要活动。这类发布会通常旨在引起公众对特定问题的关注，如环境保护、人权、贫困等。

（四）媒体发布会

媒体发布会由媒体机构组织召开，目的是向记者和其他媒体人员宣布新闻机构自身的动态、业务改进或创新。媒体发布会通常涉及媒体业内当前的重要议题和趋势，并提供一个与媒体代表面对面交流和互动的机会。

不论是哪种类型的新闻发布会，其主要目的都是向媒体及公众传达信息，并吸引媒体关注和报道。通过发布会，组织可以控制消息的传播方式和内容，并与媒体建立良好的合作关系。

新闻发布会上发布的信息应当准确、清晰、具有说服力，并且根据受众的需求进行定制。同时，应进行充分的准备，包括准备好相应的材料、协调好与媒体之间的关系等。

总之，新闻发布会是官方或组织机构传递重要信息的一种有效手段，不仅可以增加曝光度和影响力，还有助于建立和维护良好的媒体关系，从而提升官方或组织机构的声誉和形象。

▶ 二、新闻发布会媒体邀请函

新闻发布会媒体邀请函主要包括如下内容。

（1）新闻发布会召开的时间、地点和主题。媒体邀请函中要提供召开会议的详细时间、地点、名称、联系人及联系方式；还可以为来参加会议的媒体人提供停车指南或附近公共交通工具的信息。这些信息既有利于与会媒体人员顺利到达，也有助于提高整个新闻发布会的组织效率。

（2）与会者信息。与会者可能包括行业领袖、政府官员、学院教授或公司高管等，他们的专业知识和影响力将使新闻发布会更具吸引力。尽量提供与会者的姓名、头衔、背景和以往的成就，以便媒体在报道时能够更深入地了解他们的资历及背景。

（3）有关新闻发布会的其他细节，如报名要求、登记时间和参会证明等。这些细节可以帮助媒体了解如何参与会议，以及提前准备相关报道所需信息。还可以在媒体邀请函中提到是否有媒体采访或个别专访的机会，这将激发媒体的兴趣，并进一步促使其参加会议。

（4）既可以介绍与会者和议程的重要性，又可以强调这次活动将提供独特的见解、重要的行业消息或令人振奋的发展。通过突出这些关键点，可以进一步激发媒体参加会议的兴趣和动力。

新闻发布会媒体邀请函示例见图5-1。

尊敬的媒体朋友：

您好！我代表×××公司，诚挚地邀请您参加我们即将举行的新闻发布会。为了向大家展示我们最新的产品和服务，并分享一些重要的发展计划和策略，我们精心安排了此次发布会，并期待与您共同分享和探讨。

时间：××××年××月××日（星期×）上午10：00。

地点：××××市××区××大厦××会议室。

此次发布会是一个重要的平台，不仅可以使您对我们公司的最新动态有更深入的了解，而且提供了一个交流的机会，您将有机会与我们的高级管理团队进行面对面的交流和沟通。在这里，您可以提问、发表自己的观点和建议，我们非常愿意聆听您的声音，以便更好地满足您的需求。我们相信，通过这样的互动，可以进一步加强我们与媒体朋友的合作关系。

为了确保发布会顺利进行，我们将提供完善的场地和设施，以及精彩而详细的演示和资料。您将有机会第一时间了解我们的最新产品，并与业界领先的专家、学者等一同参与深度讨论。我们相信，这将是一个充满启发和互动的发布会。

为了更好地组织活动，帮助您更好地参与，我们非常期待您的确认函，请在××××年××月××日之前通过邮件（××××@×××.com）或电话（××××××××××）与我们联系。在确认函中，请注明您的姓名、媒体机构、职位及联系方式，以便我们为您提供更好的服务。

我们真诚地邀请您参加此次发布会，并期待您的到来。谢谢！

×××公司

××××年××月××日

图5-1　新闻发布会媒体邀请函示例

▶▶ 三、新闻通稿

（一）新闻通稿的功能

新闻通稿是一种传播与宣传公司、组织或个人重要信息的常见方式，它在现代传媒环境中十分重要。

新闻通稿的主要目的是向公众传达特定事件、活动或其他重要消息。它可以用来宣传新产品、组织的活动、企业的里程碑事件等。发送新闻通稿，可以提高企业品牌知名度，并吸引潜在客户的关注。

在新闻通稿中使用正确的语言和格式非常重要。新闻通稿需要简洁明了、内容正式且事实准确。采用第三人称的写作方式有助于保持客观性，并使读者更容易理解信息。同时，新闻通稿应按照新闻稿件的常规结构撰写，包括标题、导语、正文和联系方式等。

随着社交媒体和互联网的普及，新闻通稿在传播和推广方面发挥着越来越重要的作用。通过在线新闻发布服务，新闻通稿可以迅速传播到全球各地。此外，新闻通稿可以通过电子邮件、企业网站和社交媒体平台进行分享。这种多样化的传播渠道使信息传播更加快捷高效。

（二）新闻通稿的写法

新品发布的新闻通稿可以按照以下步骤进行撰写。

1. 标题

文章的标题应该简明扼要地概括新品的特点和主要内容，以吸引读者的注意力。

2. 引言

在开篇部分，引用一句有趣或引人注目的话，来吸引读者的兴趣。引言中最好包含新品的核心卖点或最重要的特点。这部分应该简洁明了，并能够激发读者继续阅读的兴趣。

3. 产品介绍

产品介绍部分应详细描述新品的特点、优势和功能，并提供一些具体的数据及案例进行支撑。可以着重强调新品的创新性、高科技等卖点，同时要保持客观公正，避免夸大表述。

4. 目标受众

目标受众部分应说明新品最适合的目标受众群体，并强调满足其需求的重要性。这样可以使读者对新品产生共鸣，认为这个产品是为他们量身定制的。

5. 市场价值和竞争优势

市场价值和竞争优势部分应详细描述新品的市场价值和竞争优势，如成本效益、性能优越、解决痛点等。这部分可以引用一些已有的市场调研数据和客户反馈，以增强说服力。

6. 发布详情

发布详情部分提供新品发布的时间、地点和方式。如果有相关活动或媒体邀请，也可以在这部分简要介绍，并提供相应的联系方式。

7. 结尾

在文章的结尾部分，应总结新品的重要特点和市场价值，并鼓励读者采取行动，如购买、预订或参加发布活动。同时，感谢读者的关注和支持，为他们提供进一步的帮助与支持。

》 四、新闻发布会上与媒体沟通的技巧

在新闻发布会上，可以向媒体传达并让媒体了解组织或个人的立场、观点和信息。因此，在新闻发布会上与媒体进行良性沟通至关重要。下面介绍五种常用的与媒体沟通的技巧。

（一）清晰明确地表达

确保自己对即将传递的信息有清晰而明确的理解。在回答问题时，应用简单、直接的语言将信息传递给媒体；避免使用过多的行业或专业术语，以免引起误解或让人难以理解。在准备工作中，列出重要的信息点，并在回答问题时着重强调这些信息点。

（二）保持平静和尊重

在面对媒体提出的问题时，要保持冷静和镇定。遇到有挑战性的问题时，不要过于激动或急于争辩，相反，以一种尊重而妥善的方式回答问题，能显示出对媒体及其代表机构的尊重。如果需要，可以请求额外的时间来回答复杂的问题，让媒体知道我们愿意提供详细和准确的信息。

（三）积极回答问题

不要回避或拒绝回答问题，即使有些问题可能是敏感或令人不悦的。通过提供准确和透明的信息来回答问题，可以建立信任及公信力。如果有问题需要

进一步调查或不能立即回答，应承诺尽快提供详细和准确的答案，并将其追踪到底。模棱两可的回答或对问题的回避，会损害企业的可信度。

（四）保持专业和友好

与媒体互动时，应保持专业和友好的态度。媒体是信息传播的桥梁，他们对于组织或个人的报道至关重要。对待媒体时，要始终保持友好和善意，回答问题时应尽量提供额外的信息或解释来帮助他们更好地理解问题。要尊重媒体的角色，并在整个发布会上示范良好的沟通和合作。

（五）及时跟进

在发布会结束以后，要与媒体持续沟通及合作，及时提供补充信息、声明或回答其他问题，以帮助他们完成报道。主动与媒体沟通联系，有助于双方建立长期的合作关系，并提供更多的机会让自己的观点和信息被传达出去。

▶ 五、新闻发布效果评估

（一）曝光率

新闻发布后的曝光率，是评估新闻发布效果的一项重要指标。可以通过统计发布渠道上的浏览量、阅读量、分享量等数据来评估曝光率。如果曝光率较高，那么说明新闻被广泛传播，并受到较多读者的关注。

（二）媒体关注度

如果新闻能够引起媒体的关注和报道，那么可以作为效果评估的一项指标。可以通过统计媒体报道的数量、报道的深度和范围等来评估媒体关注度。如果媒体关注度较高，那么说明新闻具有较高的价值和社会影响力。

（三）品牌效应

品牌效应也可以作为效果评估的一项指标。可以通过统计品牌知名度、品牌认知度、品牌形象等数据来评估品牌效应。如果品牌效应较好，说明新闻对品牌建设有一定的贡献。

综上所述，评估新闻发布效果需要考虑多方面的指标，要针对不同的目的和目标制定相应的评估指标。

【技巧小贴士】

> **技巧：新闻发布会上遇到难以回答的记者提问的应对技巧**
>
> 新闻发布会是一个重要的沟通平台，记者会就相关议题提出各种问题。然而，在某些情况下，发言人可能会遇到一些难以回答的记者提问。面对这种情况，发言人可以采取以下四种策略。
>
> **1. 可以坦诚而谨慎地回应记者**
>
> 如果发言人无法直接回答问题，那么可以透露一些相关信息或给予一定的解释。例如，发言人可以表示问题太过复杂或受到限制，无法直接回答，但可以分享相关背景信息，以便记者能够更好地理解当前情况。
>
> **2. 可以将问题转移或引导到一个更合适的议题上**
>
> 这种技巧通常被用于转移记者的注意力，通过提及其他相关议题，使记者的关注点从难以回答的问题转移到可以详细讨论的话题上。这样做有助于发言人掌控发布会的议程，并确保信息高效传播。
>
> **3. 可以选择暂时保持沉默**
>
> 在面对一些涉及敏感信息、正在进行的调查或未经充分评估的议题时，发言人可以选择不回答或保持沉默。这种策略要慎重使用，并在适当的时候提醒记者，让他们明白为什么发言人无法回答该问题。
>
> **4. 可以承诺进一步调查或咨询相关部门后再做回答**
>
> 这种方式能展现发言人专业和负责任的态度。发言人可以向记者保证将尽快获得更多信息，并承诺在未来的沟通中回答他们的问题。
>
> 无论采取何种策略，发言人应始终保持冷静和专业。对于难以回答的问题，发言人应坦诚和谨慎地回应，同时要确保尽量透露一些相关信息，以满足记者和公众的需求。

【任务评价】

媒体会访沟通任务评价标准见表5-4。

表5-4　媒体会访沟通任务评价标准

评价任务		评价要点	分值	自评	互评	师评
学习态度评价	出勤	无迟到早退，无缺席	5			
	任务参与度	全程参与任务，态度积极、认真	10			
知识与技能评价	确定新闻发布会的时间、地点和主题	（1）能够根据公司需要，合理确定发布会的时间、地点。 （2）能够确定发布会主题。主题需具有吸引力，符合新品特征	10			
	确定参与人员	能够通过与领导沟通，确定发布会参与人员，且无遗漏	10			
	编写媒体邀请函并分发	（1）能够撰写媒体邀请函，且格式正确、内容完整、具有吸引力。 （2）能够分发媒体邀请函，并确认回复人员名单，从而最终确定参会媒体人员名单	10			
	新闻通稿及相关材料的准备	（1）能够撰写新闻发布会相关新闻通稿。 （2）能够准备新闻发布会材料包	10			
	新闻发布会现场控制	（1）能够把握新闻发布会流程。 （2）能够在会场与媒体顺畅沟通	10			
	监控媒体发布情况，评测发布效果	能够准确监控并统计媒体发布新闻情况，评测发布效果	10			
	整理发布会材料	能够整理新闻发布会的相关材料，并留存	10			

表5-4（续）

评价任务		评价要点	分值	自评	互评	师评
素质评价	团队协作精神	在执行任务过程中，与团队配合默契，积极承担责任，具有协作精神	5			
	服务意识	具有积极、热情、真诚的服务意识	5			
	大局意识	具有全局思考的大局意识	5			

任务三　媒体电访沟通

【情景导入】

近日，一条吐槽×××食品集团有限公司新产品的视频在某社交平台上的播放量逐渐增多。该视频中的博主吐槽公司的新品饮料口感差，甚至喝出过异物。随着该视频的播放量和转发量越来越多，有些知名媒体开始关注这条视频。于是，小夏所在的公关部开始接到一些媒体电话，他们要求直接在电话中对该事件进行采访。甚至，有一天小夏下班时被一名记者截住，询问她公司对于该视频的看法和今后的做法。

对于这些突发的媒体采访沟通，小夏该如何应对？

【任务思考】

（1）接到媒体电话采访的要求时，该如何应对？

（2）被媒体人员突然截住询问时，该如何应对？

【知识目标】

（1）了解适合电话采访的新闻类型。

（2）掌握应对媒体电话采访的流程。

（3）掌握应对媒体电话采访的技巧。

【能力目标】

(1) 能够说出媒体电话采访的应对流程。

(2) 能够按照流程较为得体地应对媒体电话采访。

【素质目标】

(1) 具备全局思考的大局意识。

(2) 具备灵活机动的应变能力。

【技能训练】

媒体电访沟通的内容及细节见表5-5。

表5-5　媒体电访沟通的内容及细节

一、训练任务	
情景模拟	将学生分成若干个小组，每个小组选出记者1名、公关助理1名，模拟电话采访沟通的情景
二、训练过程	
训练步骤	详细描述
提前做好电话采访预案	应该提前做好随时被采访的准备，制定一个任何情况都可以使用的大纲和关键词，并做到心中有数。这样接到电话采访要求时不会太慌张，有大致内容可以表述
开启录音设备并进行记录	接到电访电话时，要打开录音功能，并详细记录，以备过后复盘和存档
明确电话采访媒体和记者身份	要先问清楚提出采访要求的媒体名称和记者姓名、电话号码等基本信息
明确记者想要采访核实的内容	与记者沟通，明确其想要采访核实的内容
如无授权，不能与记者直接进行电话采访/截访	拒绝电话采访要有策略，告知对方怎样与本公司负责电话采访的负责人联系，或者请对方留下联系方式，表示会帮助转达，再请负责人回复对方。需要注意的是，对于媒体电话采访要求，一定要及时报告

表5-5（续）

训练步骤	详细描述
如有授权，不能轻易拒绝采访	新闻发言人不宜拒绝电话采访，特别是在已经确认对方记者身份的前提下，但要注意以下四点：一是言之有据，不能主观推断；二是言简意赅，回应重点，点到即可；三是留有期待，如马上会有详细通报、召开新闻发布会等，请等待具体通知；四是要明确媒体报道情况
跟踪媒体报道	要收集媒体已经报道的内容，同时预计并随时关注将要报道的内容

三、训练方法

（1）组内讨论，形成应对电话采访的工作预案。
（2）情景模拟，记录媒体电话沟通内容。
（3）情景模拟，明确记者身份。
（4）情景模拟，明确采访内容。
（5）情景模拟，拒绝采访。
（6）情景模拟，与记者进行电话沟通。
（7）组内讨论，明确跟踪媒体报道的方法

四、训练心得（成功、不足、改进措施）

五、训练评价

【知识平台】

▶ 一、适合电话采访的情况

（一）突发事件快速报道

在全球化的今天，各地发生的重大事件特别是灾难事件不仅受世界瞩目，也是各国媒体关注的新闻。随着报道疆域的扩大，记者不可能每次都在新闻发生的第一时间赶赴现场。为了尽快报道突发新闻，记者可以先通过电话采访事发现场周围的知情人，证实新闻确已发生及传闻的准确性，及时把新闻抢报出去，随后赶赴现场，或媒体派遣距发生地最近的记者赶赴现场进行详细采访。这样安排采访报道，既能保证"快"，又能体现"详"，是记者在突发事件采访报道中常用的采访方式。

（二）补充采访核对事实

当读者看到新闻要素残缺不全、细节不详、新闻发生原因不明的报道后，会想更详细地了解新闻发生的原因，获得更多与新闻相关的背景材料。这时，记者必须补充采访，进而详细地了解情况。由于是已知新闻，记者的采访目的比较明确，即补充新用要素、增加细节和新闻背景、核对传闻的准确性、回答读者关心的问题。这种目的明确的采访，只需向采访对象提出要求，采访对象明确回答问题即可。

（三）热点话题搜集反映

电话采访非常适用于话题类采访。话题类采访是就一个受众关心的热点话题，征求不同人的不同反映和意见。为了充分听取方方面面的反映，一般记者的采访比较分散，即使采访以两三个人（如选择持不同观点意见的专家或权威人士）为主，还是要再听听其他专家、学者甚至群众的意见，特别是不同意见，这样有关话题的报道才能更全面、公正、客观。

▶ 二、应对媒体电话采访的工作步骤

当记者要求在电话中进行采访时，应慎重对待，不要随意挂断电话，因为挂断电话意味着拒绝采访，这种方式是不妥当的。应对媒体电话采访应遵循以下步骤。

（1）明确媒体身份。

（2）认真记录通话内容。

（3）确定媒体采访内容。

（4）如无授权，礼貌告知媒体本公司发言人的联系方式，并迅速上报。

（5）如有授权，可对媒体做一些简短的表态，如"是"还是"不是"，"有"还是"没有"，或者"详细的信息稍后会给您传一份新闻稿"，等等。因为电话很容易造成传播失真，即容易造成细节传递的失真，所以简短表态

即可。

（6）注意跟踪媒体报道，做好存档。

》 三、应对媒体电话采访的技巧

（一）态度热情，有礼有节

保持热情的态度，即使现在不方便接受采访或希望将采访推迟一段时间，也要先表达出很高兴并乐意配合他们的态度，不要表现出觉得对方唐突或对媒体不耐烦的态度。

（二）使用媒体语言

对媒体发表的言论要尽可能简短，不要长篇大论，语言应尽量通俗易懂，不要过于深奥、晦涩，应便于电视编导和网络传播相关人员进行剪辑。一般而言，这样的表述容易被媒体直接引用，并用作报纸的标题、新闻报道的导语或电视新闻中的同期声。

（三）不要重复媒体的问题

在回答问题时，尽量不要重复媒体提出的问题，即不要落入预设的话题结论。

（四）不要用推卸责任的方式回答问题

比如"这个问题不归我们部门回答，你去找×××部门吧"，这个回答看似"金蝉脱壳"，但有推卸责任的嫌疑，这样回答是不妥的，且对自身并无益处。

（五）不要随意许诺或预测

电话回答媒体提问时，一定要以事实为依据，快讲事实、慎讲原因、慎下结论。

【技巧小贴士】

> **技巧：应对媒体截访的技巧**
> 在当前媒体竞争激烈的情况下，很多记者利用可近前的机会，当面提

出采访要求，出其不意地发问。碰到截访一定要镇静，在没有心理准备的情况下要谨慎回应。实在没有把握，要想一些办法（如找机会请示领导或和同事商议），厘清思路，准备好后再同记者见面回答问题，把"截访"化为"约访"。

1. 查看证件，确认媒体人员身份

可通过查看记者证、采访证、身份证等方式，向上级汇报并核实其身份。如发现虚假记者，应第一时间报警或请上级处理。

2. 明确媒体采访目的和需求

要详细记录记者的采访目的和需求、工作单位及联系电话，在获取媒体级别后，第一时间向上级请示、报告，针对不同级别的媒体，可根据媒体应对预案进行应对。

3. 明确授权

与上级确定自己是否可以接受采访，若获得授权，则可以进行采访。面对记者的提问，如果在自己的准备之内（如业务、产品相关问题），那么可客观、准确地回答；如果把握不准，那么一定不要回答，也不要擅自发表个人观点和评论。

4. 谨慎作答

对于记者刁钻的提问，尤其涉及敏感话题时，不要一一回答，且不能重复对方提问的内容。

【任务评价】

媒体电访沟通任务评价标准见表5-6。

表5-6　媒体电访沟通任务评价标准

评价任务		评价要点	分值	自评	互评	师评
学习态度评价	出勤	无迟到早退，无缺席	5			
	任务参与度	全程参与任务，态度积极、认真	10			
知识与技能评价	提前做好电话采访预案	能够制定电话采访沟通模板	10			

表5-6（续）

评价任务		评价要点	分值	自评	互评	师评
知识与技能评价	开启录音设备并进行记录	能够在电话采访时做好记录	10			
	明确电话采访记者身份	能够明确电话采访记者身份、联系方式	10			
	明确记者想要采访核实的内容	能够与记者沟通，明确想要采访核实的内容	10			
	如无授权，不能与记者直接进行电话采访	（1）能够委婉拒绝记者的电话采访。（2）能够转达发言人的联系方式，并及时上报	10			
	如有授权，不能轻易拒绝电话采访	（1）能够得体地回复记者的电话采访。（2）在接受记者电话采访时，能够做到言简意赅、留有余地	10			
	跟踪媒体报道	能够收集媒体已经报道的内容，能预计并随时关注将要报道的内容	10			
素质评价	团队协作精神	在执行任务过程中，与团队配合默契，积极承担责任，具有协作精神	5			
	应变能力	能灵活、机动地应对工作中的变化	5			
	大局意识	具有全局思考的大局意识	5			

任务四　危机事件管理

【情景导入】

一个休息日，小夏突然接到主管的电话，要求她马上来公司加班。原来，某小学三年八班全体师生利用休息日进行了游园活动。可是没想到，午餐过后，很多学生出现了呕吐、腹泻、腹痛的症状。他们午餐时喝的饮料就是该公司的新产品。结合前段时间出现的饮料异物的吐槽视频，很多家长认为就是该款饮料导致了这起集体食物中毒事件，虽然没有发生更加严重的后果，但是家长都非常气愤。因此，家长将食物中毒的事件录制成视频并发到社交平台上。该事件发酵得非常快，公司的公关部需要马上行动起来，以应对此次危机事件。

面对突发的危机事件，小夏该如何与媒体沟通？

【任务思考】

在如今新媒体社会化的环境下，企业遇到危机事件，该如何处理？

【知识目标】

（1）了解危机事件的含义及特点。

（2）理解应对危机事件的原则。

（3）掌握应对危机事件时与媒体沟通的技巧。

【能力目标】

（1）能够说出危机管理中媒体沟通的原则。

（2）能够选择恰当的媒体沟通方式应对危机。

【素质目标】

（1）具有全局思考的大局意识。

（2）具有灵活机动的应变能力。

【技能训练】

危机事件管理的内容及细节见表5-7。

表5-7 危机事件管理的内容及细节

一、训练任务	
情景模拟	将学生分成若干个小组，各小组中学生分别扮演公关团队、媒体团队及用户，模拟危机事件中应对媒体的沟通过程
二、训练过程	
训练步骤	详细描述
建立危机管理小组	危机管理小组通常包括如下六类人员。 （1）高层管理人员：负责决策和领导。 （2）危机处理工作专家：负责分析危机状况、制订应对方案和提供专业意见。 （3）媒体顾问：负责与媒体联系、控制信息传播和宣传。 （4）危机处理工作公关人员：负责协调各方面的工作。 （5）法律顾问：负责提供法律意见和协助处理法律事务。 （6）会计师：负责提供财务意见和协助处理财务事务。 这些人员通常会根据危机的具体情况和需要进行调整
评估紧急情况	根据实际情况，对危机进行客观、全面的评估，包括危机的严重程度、影响范围、可能造成的损失等。这些因素将帮助企业制订最佳应对策略。对于企业发生危机的风险评估，应从危机的发生、发展和结束三个阶段进行。发生阶段要做好风险识别和预警工作，及时发现危机隐患，做到问题预见、预防为主；发展阶段要做好危机应对工作，及时化解危机，保护企业形象；结束阶段要做好危机总结工作，从中吸取教训，加强风险管理，避免重蹈覆辙
制订应对方案	根据危机的性质、程度及影响范围，制订相应的应对方案，并组织相关人员执行
及时发布公开声明	当危机发生时，企业应当及时发布一份详细的公开声明，向公众解释事情的原因、处理的方法和预防的措施。公开声明应该真实、客观地反映事实，避免使用夸大、虚假的言辞
管理媒体关系	企业应该积极主动地与媒体进行沟通，提供准确的信息，并妥善处理好媒体的采访请求。媒体关系管理是危机公关能否成功的关键一环

表5-7（续）

训练步骤	详细描述
聆听用户声音	企业需要积极聆听用户的声音，及时处理用户的投诉和建议。通过与用户的沟通，企业能够更好地了解用户的需求和关注点，并及时进行改进及调整
积极回应负面评价	在危机公关处理中，负面评价是不可避免的。企业应该积极回应负面评价，采取有效的措施来修改错误和改进问题。同时，企业要学会借助正面评价来提升企业形象，增强公众对企业的信任度
实施危机修复计划	危机发生之后，企业应该迅速制订并实施危机修复计划，通过各种手段和渠道（如召开发布会、发布改进计划、加大产品质量监控等）向公众展示企业的改进情况
总结经验，完善危机公关体系	在危机公关处理之后，企业应总结经验，完善危机公关体系。这包括分析危机处理的成功与不足之处，从而不断改进和提升危机公关的能力和水平

三、训练方法

（1）以小组为单位，通过讨论，模拟组建危机事件管理小组。
（2）管理小组针对事件进行评估。
（3）管理小组通过讨论制订应对方案。
（4）管理小组模拟发布公开声明。
（5）管理小组与媒体进行沟通。
（6）管理小组与用户进行沟通，听取用户需求。
（7）正确认识负面评价，并积极回应。
（8）管理小组制订修复计划。
（9）管理小组完善危机处理体系

四、训练心得（成功、不足、改进措施）

五、训练评价

【知识平台】

▶ 一、危机事件中媒体沟通的特点

美国学者罗森豪尔特指出，危机是对一个社会系统的基本价值和行为准则架构构成严重威胁，并且在时间压力和不确定性极高的情况下必须对其做出关键决策的事件。

危机事件一般具有突发性、紧急性、高度不确定性等特征。危机管理中的媒体沟通也具有一些与常态沟通不同的特点。

首先，危机事件中的媒体沟通具有即时性。在危机事件发生时，令人感到震惊、困惑、恐慌甚至迷茫，公众对信息的渴望比任何时候都更加强烈。事实也证明，与事件相关的正确信息传播得越迅速、越及时，就越有利于消除突发事件的未知因素和不确定性因素给人们造成的负面影响，越有利于社会和人心的稳定。因此，媒体必须在第一时间发布准确、权威的信息，以满足公众的知情权。

其次，危机事件中的媒体沟通具有公开性。危机事件往往涉及公众的利益，公众对事件的进展和结果非常关注。因此，企业公关人员必须与媒体进行公开的交流，以让公众了解事件的最新进展和结果。

再次，危机事件中的媒体沟通具有专业性。在危机事件中，公关人员需要以专业的态度和语言与媒体进行沟通。突发事件往往是媒体聚焦的焦点，企业面对的媒体类别复杂多样，包括官方媒体记者、市场化媒体记者、境外媒体记者等，他们既可能来自传统媒体（如电视、广播、报纸、通讯社、杂志等），也可能来自新兴的互联网媒体。面对突发事件，不同媒体的传播特点、采访规律和报道视角各不相同，不同记者的预设立场、关注重点和采访诉求也有所差异，此时需要使用专业的术语和表达方式来应对各类媒体，向公众传递专业的信息。

最后，危机事件中的媒体沟通具有保密性。在危机事件中，有些信息是敏感的、不能被公开的。公众人物需要与媒体进行保密性交流，以确保敏感信息的机密性。

▶ 二、危机管理中媒体沟通的原则

危机管理过程中的一个重要环节是危机发生后的媒体沟通。有效的媒体沟通不仅可以减轻危机带来的负面影响，还可以重塑组织形象，甚至化危机为转

机。那么，如何在危机管理中进行有效的媒体沟通？下面将探讨危机管理中媒体沟通的五条原则。

（一）诚实透明

在危机发生时，公众需要了解真相。因此，在面对媒体时，组织应保持诚实透明的态度，尽快公布事实、解释原因，避免含糊其词或刻意隐瞒，以免引发误解和猜测。

（二）快速响应

在危机发生后，快速响应是至关重要的。这包括及时发布声明、与媒体保持联络、提供准确信息等。延迟或过慢的响应可能会让公众失去信任，加重危机的影响。

（三）建立信任

在危机中，信任是最重要的资产。在媒体沟通中，要重视与媒体的合作关系，充分展示组织的诚意和专业性。同时，要尊重公众的知情权和参与权，以建立公众对组织的信任。

（四）保持专业

在面对媒体时，要保持专业和冷静，避免情绪化的言辞和行为，以免引发更大的混乱。同时，要避免过度解释或辩护，以免陷入混乱和矛盾。

（五）灵活应对

不同的危机事件需要不同的应对策略，在面对媒体时，要根据具体情况调整策略，以适应不断变化的局势。

总的来说，有效的危机管理需要一套有效的媒体沟通策略。在面对媒体时，组织应遵循诚实透明、快速响应、建立信任、保持专业和灵活应对的原则，以最大限度地减轻危机带来的负面影响，提升组织的声誉和形象。

▶ 三、危机管理中媒体沟通的技巧

（一）快速反应

在危机发生时，媒体会迅速做出反应。因此，组织和个人应尽快发布有关危机的信息，以保持信息透明度和减少谣言。品牌危机发生以后，企业应在24小时内迅速做出真诚的反应，使事态不扩大、不升级、不蔓延，这是每个企业应有的态度。同时，这体现了企业对公众负责的态度，可以赢得公众的信赖。此外，当公众被不良舆论误导时，企业一个真诚的道歉更能让消费者冷静下来。

（二）准确传达

媒体应报道事实。在危机管理中，准确传达信息至关重要，避免使用模糊或含糊不清的语言，以防产生误解。

（三）适时避让

社会化媒体的碎片化、理想化特征导致信息的速生速灭，即信息的生命周期较短。企业负面信息从开始到发酵的时间较短，不久之后人们就开始关注新的话题。因此，懂得适当、适时地避让也是一种策略。例如，在品牌代言人出现负面新闻时，很多企业会选择沉默，采取避让的策略，以免品牌形象受到更大的损害。

（四）展示解决方案

危机往往伴随问题和挑战。有效的媒体沟通需要展示组织或个人如何解决这些问题的过程。这可以通过提供解决方案、解决问题的步骤或未来计划来展示。

（五）保持冷静

在面对媒体时，保持冷静和专业非常重要，应避免恐慌或情绪化的反应，以免让媒体和公众认为组织或个人无法应对危机。对于个人来说，有效的媒体沟通是展示其专业素养和领导能力的重要机会。在面对媒体时，应保持专业、礼貌和自信。

（六）借助专家

在危机事件管理中，专家的意见和看法非常重要。专家的身份及专业背景使他们的意见和看法更具权威性与可信度，因此，在面对媒体时，可以借助专家来传达权威的观点和建议，避免负面信息的过度传播及扩散。这有助于稳定公众情绪，减少公众恐慌和误解，营造良好的舆论环境，增强公众对企业的信任。同时，专家的意见和看法可以帮助企业发现自身存在的问题及不足，推动企业不断改进和完善，从而成为更具社会责任感的优质企业。

（七）借力打力

社会化媒体时代，企业应学会借助一线媒体平台。一方面，要顺势而为学会借力打力；另一方面，提高公众的知晓度和参与度，也不失为一种化解企业品牌危机的好方法。例如，借助抖音、腾讯视频等一线平台提高公众的知晓度与参与度，从而帮助企业渡过危机。

【技巧小贴士】

> **技巧：借助专业化的KOL消除网络不实言论**
>
> KOL是key opinion leader的简称，意思是关键意见领袖。它被视为一种比较新的营销手段，能发挥社交媒体在覆盖面和影响力方面的优势。KOL是不同行业的专业人才，具有一定知识专业能力，他们往往受到人们的尊敬，社会地位普遍较高。2018年愚人节前夕，一篇名为《星巴克最大丑闻曝光，全球媒体刷屏！我们喝进嘴里的咖啡，竟然都是这种东西……》的文章开始在微信朋友圈传播，阅读量持续攀升，并且被公众号转载，给品牌形象带来危机。而星巴克在此次事件中的公关危机可圈可点。其首先将所有和星巴克致癌相关的文章进行举报，然后请在医学方面有一定影响力的"丁香医生"出面进行辟谣，很快就化解了这场危机。

【任务评价】

危机事件管理任务评价标准见表5-8。

表5-8　危机事件管理任务评价标准

评价任务		评价要点	分值	自评	互评	师评
学习态度评价	出勤	无迟到早退，无缺席	5			
	任务参与度	全程参与任务，态度积极、认真	10			

表5-8（续）

评价任务		评价要点	分值	自评	互评	师评
知识与技能评价	建立危机管理小组	能够说出危机管理小组的构成及成员分工	5			
	评估紧急情况	能够说出危机事件的评估内容	10			
	制订应对方案	能够通过讨论，初步制订应对危机事件的行动方案	10			
	及时发布公开声明	能够及时且较为准确地针对危机事件发布声明	5			
	管理媒体关系	能够积极主动地与媒体进行沟通，提供准确的信息，并妥善处理好媒体的采访请求	10			
	聆听用户声音	能够积极聆听用户的声音，及时处理用户的投诉和建议，并及时进行改进与调整	10			
	积极回应负面评价	能够积极回应负面评价，采取有效的措施来修改错误和改进问题	10			
	实施危机修复计划	能够通过召开发布会、发布改进计划、加大产品质量监控等，修复危机事件的影响	5			
	总结经验，完善危机公关体系	能够总结经验，完善危机公关体系	5			
素质评价	团队协作精神	在执行任务过程中，与团队配合默契，积极承担责任，具有协作精神	5			
	应变能力	能灵活、机动地应对工作中的变化	5			
	大局意识	具有全局思考的大局意识	5			

参考文献

[1] 陈石定，刘庆忠．关于提高媒体沟通效果的几点思考 [J]．电视指南，2018
(2)：39-40.

[2] 王晓磊．社会化媒体背景下企业公关危机处理新思路 [J]．中小企业管理
与科技，2021 (5)：132-133.

[3] 史安斌．提高同媒体打交道的能力：谈谈与媒体沟通时的若干规则 [J]．秘
书工作，2016 (3)：77-79.

[4] 娄静娴．商务活动策划与实施 [M]．北京：高等教育出版社，2019.

[5] 肖新立．商务沟通与技巧 [M]．北京：高等教育出版社，2018.

[6] 易露霞，林霞．商务沟通理论与实务 [M]．南京：南京大学出版社，2019.

[7] 黄漫宇．商务沟通 [M]．2 版．北京：机械工业出版社，2010

[8] 张蕾．案例教学法在中职学校《现代企业管理》课程中的应用探究 [D]．
长春：长春师范大学，2021.

[9] 关晓琼．浅谈高职"商务礼仪"教学与职业素养相融合的思考与实践 [J]．
科教文汇（下旬刊），2020 (24)：138-139.

[10] 阮喜珍，张明勇，从静．商务礼仪与沟通技巧 [M]．武汉：华中科技大学
出版社，2022.